ZUR STRAFE VERHUNGERE ICH JETZT

(Eine Abrechnung mit der Magersucht)

Mit Illustrationen von Birgit J. Tomayer

E. Weber Verlag GmbH

Lektorat: Mag. Brigitte Krizsanits, www.textprojekt.at

Illustrationen: Birgit J. Tomayer, www.biggis.at

ISBN 978-385253-567-8

© 2017 E. Weber Verlag GmbH

www.eweber.at

Druck: Rötzer-Druck, Eisenstadt, Österreich

Für Harald

INHALT

PROLOG

PSYCHIATRIE stand da in großen Lettern über dem Eingang.
„Jetzt bringen sie dich also in die Klapse", dachte ich mir.
„Auch egal."
Auf meinen Handgelenken klebten zwei große, weiße Pflaster.
Nun konnte also jeder sehen, dass ich versucht hatte, mir die
Pulsadern aufzuschneiden. Na ganz toll! ...

SCHIKURS

56 kg *„Gott, bin ich fett!"*

Der erste Schulschikurs stand bevor und ich wollte nicht mitfahren. So lange war ich noch nie von meinen Eltern getrennt gewesen. Wie sollte ich denn meine Mutter beschützen, wenn ich eine Woche nicht bei ihr war? Sie wiederum begann sofort, *mich* zu beschützen, indem sie meinte, ich könnte zu Hause bleiben. Mein Vater aber überzeugte mich davon, doch mitzufahren. Es würde schon schön werden und wäre eine wichtige Erfahrung für mich, sagte er. Wenn ich nicht ich gewesen wäre, hätte er Recht gehabt.

Nun, leider war ich nun aber ich und es wurde ganz furchtbar. Auf der Busfahrt dorthin wurde mir schon schlecht, ich musste also ziemlich weit vorne beim Busfahrer und den Lehrern sitzen. In der Jugendherberge gefiel es mir gar nicht, ich hatte schreckliches Heimweh. Und da ich nicht besonders sportlich war, strengte mich das Schifahren auch sehr an. Abgesehen davon lag es auch länger zurück, dass ich zuvor mit meinen Eltern im Schiurlaub war.

Ich war in der schlechtesten Gruppe eingeteilt. Glauben Sie mir, es macht einfach keinen Spaß, wenn man den ganzen Tag nur die Piste hinunterpurzelt. Und leider verbesserten sich in der einen Woche auch meine Schikünste gar nicht. Ich war frustriert.

Da war aber etwas, das mich sehr verwirrte. An unserem Tisch beim Abendessen war es „in", das Essen grauslich zu finden. Es gab ein Mädchen, das sein Essen ohne herumzumäkeln aß. Sie war etwas mollig und eigentlich auch sehr lieb. Aber ich Esel wollte mal wieder mit der breiten Masse mitschwimmen, dazugehören, also aß ich auch nicht. Und dabei hatte ich einen Riesenhunger!

Dass die anderen Mädchen sich im Supermarkt mit Chips und Gummibärchen eindeckten und dann genüsslich am Zimmer naschten, kapierte ich irgendwie nicht. Dadurch, dass ich so überbehütet aufgewachsen war, konnte ich in der Entwicklung mit meinen Klassenkolleginnen nicht mithalten. Ich verstand nicht, dass sie nur damit kokettierten, dass ihnen das Essen nicht schmecken würde und sie sich am Naschzeug satt aßen. Ich war es einfach von zu Hause gewöhnt, beherzt mittags und abends zu essen und naschte zwar ganz gerne Schokolade, aber eben nur ein bisschen davon.

Als der Schikurs nun endlich vorbei und ich wieder zu Hause war, hatte ich einen Bärenhunger. Und da ich mich in meiner vertrauten Umgebung wieder wohlfühlte, schlemmte ich alles, was der elterliche Kühlschrank hergab.

Einmal aß ich drei große Eis am Stiel hintereinander. Logischerweise hatte ich danach ein ziemliches Völlegefühl. Ich spüre es noch heute, wenn ich daran zurückdenke. Und dann stellte ich mich – ich weiß eigentlich nicht einmal wieso – vor den Spiegel im Vorzimmer und in meinem Kopf geschah etwas sehr Eigenartiges.

In der Fachsprache nennt man es „Körperschemastörung". Das bedeutet, dass sich eine Magersüchtige als dick wahrnimmt.

Ich stand also vor besagtem Spiegel und es war, als würde mir der Augenarzt beim Sehtest eine Linse vor die Augen schieben. Ich sah plötzlich nur mehr meinen weißen, weichen, aufgeblähten Bauch und schämte mich dafür. Ich hatte das Schamgefühl, das ich oftmals für meine kranke Mutter empfand, körperlich manifestiert und auf meinen eigenen Körper projiziert. Und so war der Weg endgültig frei für die Magersucht, die nun unaufhaltsam in mein Leben trat,.

Der Spiegel wurde somit mein größter Feind und mein bester Freund zugleich. Ich beschloss, dass ich nun sofort abnehmen musste. Dann, wenn ich dünn wäre, würde alles besser sein. Meine Mutter gesünder, mein Leben glücklicher und einfach in jeder Hinsicht perfekt.

So begann ich eine Diät. Ich ließ zunächst einmal die Chips weg und naschte zuerst weniger und dann gar keine Schokolade mehr. Das machte mich zwar nicht unbedingt glücklicher, aber erste Erfolge auf der Waage blieben nicht aus. Unsere alte, gelborange Waage mit dem Blumenmuster aus den 70er-Jahren. Ich habe sie oft angesehen, meine zweite beste Freundin und größte Feindin neben dem Spiegel. Es gibt heute weder die Waage noch den Spiegel mehr, sie sind dort, wo sie hingehören: auf dem Müll. Aber sie waren mir treue Weggefährten in der Krankheit und ich werde sie nie vergessen.

So machte ich mein Glücksgefühl nun von dem Zeiger dieser Waage abhängig, nahm ich ab, fühlte ich mich unbesiegbar. Ich bezog zunächst ein neues Selbstbewusstsein aus diesem Erfolgserlebnis. Da ich so gern perfekt sein wollte (um meine Mutter endlich heilen zu können), begann ich, gesund zu essen. Zahlreiche Frauenmagazine kamen mir dabei gerade recht. Ich wollte aussehen wie ein Model, makellos. Dass diese Fotos allesamt fast bis zur Lächerlichkeit retuschiert waren, war mir nicht klar. Bitte, welche Frau hat denn keine Poren? Aber ich begann, einen regelrechten Schönheitskult zu betreiben. Ich achtete penibel auf die korrekte Reinigung meiner Haut und befolgte akribisch die Packungsbeilagen sämtlicher Cremen und Waschgels. Dass ich nämlich nun auch noch unreine Haut und Pickel bekam, das ging gar nicht. Im Gegenteil, es katapultierte mein Selbstbewusstsein wieder zurück – ich wollte doch bitteschön perfekt sein. Wieso verstand mein blöder Körper das denn nicht? Also wurde dieser Körper mir zum Feind und ich bekämpfte ihn. Meine Magersucht wurde zu meiner psychischen Autoimmunerkrankung und versuchte, mich zu zerstören.

Irgendwann reichte die Diät nicht mehr aus und die Erfolge auf der Waage blieben aus. Ich begann, Sport zu treiben. Ich kaufte mir nun auch Fitnesszeitschriften. Das geschriebene Wort kann mächtig sein. Diese Magazine wurden meine Religion. Und das Sporteln fiel mir wirklich nicht leicht. Ich war ein richtiger Couch-Potatoe. Am liebsten las ich ein Buch oder sah fern und naschte ein bisschen Schokolade, wie Sie ja bereits wissen. Mein Vater, der Zeit seines Lebens immer aktiv und sportlich gewesen war, sah das nicht gern. Er merkte auch, dass ich nicht besonders glücklich war und führte das auf meine Trägheit zurück. Er schimpfte mit mir, dass ich faul sei, meine Oberschenkel „schwabbelig" würden und ich mir doch bitte ein Beispiel an meinen Freundinnen nehmen sollte. Die wären bestimmt nicht so faul wie ich.

Meine Oberschenkel. Sie waren schon immer mein wunder Punkt gewesen. Schon im Kindergarten war ich immer einen Kopf größer als die anderen. Ich fühlte mich wie ein Elefant im Porzellanladen.

Als wir in der vierten Klasse Volksschule einen Ausflug mit dem Bus machten, meinte ein Mitschüler lapidar: „Die hat aber fette Haxen." Ich schaute an mir herab und da sah ich es. Meine Oberschenkel lagen in meiner kurzen Hose auf dem Sitzpolster auf, ich sah hinüber zu meiner Freundin und zu meiner Sitznachbarin und musste feststellen, dass ihre Oberschenkel nicht so dick und weiß und weich wie meine waren. Ich war schockiert und meine erste Problemzone war geboren. Und noch etwas geschah: Ich begann auf meine Freundin und ihre Oberschenkel neidisch zu werden. Sie hatte bestimmt auch eine glücklichere Familie.

Als mich mein Vater nun damals mitten in meiner Krankheit mit meinen Freundinnen verglich, da dachte ich mir: „Na klar, sie sehen besser aus als ich und daher sind sie auch glücklicher." Irgendwie wusste ich damals schon, dass diese Gedanken Blödsinn waren, aber ich hatte nun schon einmal damit begonnen, mich über mein Aussehen zu definieren und war schon zu tief drinnen in der Krankheit, als dass ich einen Weg herausfinden hätte können.

So schob ich meine Zweifel an der Sinnhaftigkeit meiner Gedanken rasch beiseite. Ich hatte ja noch einiges zu tun, ich musste weiter abnehmen. Leider blieb dieser Neid auf andere noch lange bestehen und verleidete mir so viele Freundschaften.

Heute geht es mir wieder gut und ich treffe viele Freundinnen von früher. Ich mag sie so, wie ich sie damals vor meiner Krankheit mochte. Aber als ich magersüchtig wurde, hasste ich sie. Wieso waren sie denn besser als ich? Wieso mochte mich denn mein Vater nicht so, wie ich war? Und wieso war ausgerechnet meine Mutter krank?

Die Worte meines Vaters waren wie Peitschenhiebe für mich. Und da ich mich ohnehin schon selbst hasste, waren sie wie Futter für meine Magersucht. Sie wurden mein Ansporn und mein Mantra. Zu Beginn meiner Erkrankung wog ich circa 56 Kilogramm bei einer Körpergröße von 1,68 Metern. Mittlerweile waren es in etwa 45 Kilo. Bei jeder Kniebeuge, selbst wenn meine Muskeln noch so brannten und schmerzten, entsann ich mich dieser Worte: „FETTE OBERSCHENKEL, SCHWABBELIG!" und machte unbarmherzig weiter. Ich wurde immer schwächer und fühlte mich immer stärker dabei. Ich war beeindruckt von meiner starken Leistung. Jetzt war ich schon wirklich ziemlich perfekt und ich achtete sehr auf meinen Körper.

Ich dachte mir immer neue Grausamkeiten für mich aus und bestrafte mich selbst dafür, dass ich es einfach nicht schaffte, meiner Mutter zu helfen. Was war ich doch für eine Versagerin! Ich begann stundenlang zu joggen und fing damit an, ins Fitnessstudio zu gehen. Ich machte jede Aerobic-Stunde mit, die auf dem Plan stand. Zwischen den Stunden war in etwa eine Viertelstunde Pause. In dieser Zeit ging ich mit meinen Lernsachen für die Schule aufs Laufband. Ich legte die Bücher vor mir auf das Pult des Laufbandes und versuchte zu lernen. Ich würde das schaffen, ich musste das schaffen, es gab kein Erbarmen. Wenn ich wieder einmal keine Kraft mehr für die Kniebeugen zu Hause hatte, schlug ich mir mit den Fäusten auf die Oberschenkel, bis ich blaue Flecken davon bekam. Ich hasste diese Oberschenkel, sie sollten endlich weggehen!

Mein Vater wollte, dass ich sportlicher werden sollte? Also gut. Er ging regelmäßig Rad fahren und ich kam nun auch wieder mit. Als ich jünger war, hatte er mir das Rad fahren auf der Wiese gegenüber von unserem Wohnblock beigebracht und nun würde ich ihm zeigen, wie ich Rad fahren konnte. Oft blieb mir vor Erschöpfung regelrecht die Luft weg. Ich atmete gepresst, mein Brustkorb brannte wie Feuer. Aber ich würde nicht aufgeben. Ich würde ihm beweisen, dass ich nicht faul war. Er sagte, ich würde Raubbau an meinem Körper betreiben, dass das, was ich da tat, kaum mehr als gesund bezeichnet werden könnte. Aber ich hörte ihm gar nicht richtig zu. Ich wollte weiterkämpfen, immer dünner werden, um jeden Preis!

Im Urlaub hatten wir an einem Vormittag wieder einmal eine ausgiebige Radtour unternommen. Auf einer Anhöhe, die wir hinauffuhren, musste ich vom Rad absteigen, weil ich keine Luft mehr bekam. Das Atmen fiel mir schwer und ich hörte ein rasselndes Geräusch in meiner Lunge, das mir Angst machte. Mein Vater fragte mich, ob denn etwas mit mir nicht in Ordnung wäre, aber ich sagte ihm nichts davon. Dann fuhren wir bei einer Staumauer vorbei. Wir blieben stehen und schauten eine Weile zu, was hier vor sich ging. Ein Springer nach dem anderen stürzte sich wagemutig, an einem Gummiseil hängend, in die Tiefe. Na bitte, das war doch wohl das ideale Nachmittagsprogramm für uns. Wir waren schon ein Jahr zuvor hier vorbeigekommen und ich hatte den durchwegs männlichen Bungee-Springern dabei zugesehen, wie sie mit stolzgeschwellter Brust an mir vorbei auf die Sprungplattform marschiert waren. Sie sahen lächerlich aus, wie Gockelhähne auf der Balz, dachte ich mir. Denen würde ich es schon noch zeigen.

Ich bettelte meinen Vater an, diesen Nachmittag springen zu dürfen und er erlaubte es mir. Als wir meiner Mutter davon erzählten, traf sie fast der Schlag. *„Ihr seid ja wahnsinnig"*, meinte sie. *„Aber bitte, wenn ihr euch das einbildet."* Es war nämlich so: Ich wurde bei der Anmeldung abgewogen und da ich unter 50 Kilogramm wog, durfte ich nicht alleine springen. Also musste mein Vater mit mir einen Tandemsprung machen. Als wir gemeinsam auf die Sprungplattform gingen, drehten sich alle nach uns um. Ich platzte beinahe vor Stolz. Ein Raunen ging durch die Menge. *„Da springt ein Vater mit seiner Tochter."* Und so war es dann auch.

3, 2, 1, ... BUNGEE! Ich sprang nicht von dieser Plattform hinunter, ich glaube, ich bin gefallen. Ich brachte einfach nicht den Mut auf abzuspringen und so ließ ich mich vom Gewicht meines Vaters mitreißen. Aber wir waren gesprungen, wir hatten es allen gezeigt. Ein immenses Glücksgefühl durchflutete meinen Körper.

So trieb ich also eifrig Sport und wurde immer dünner. Es wunderte mich nur, dass ich einfach nicht glücklicher wurde. Vielleicht musste ich noch mehr abnehmen. Ein fataler Trugschluss.

Nun sah man mir meine Krankheit auch an. Ich war erschreckend dünn und genau das gefiel mir, ich wollte schockieren. Mein Körper schrie laut um Hilfe und ich

BESTRAFTE mit meinem Anblick auch meine Eltern dafür, dass sie mir durch ihr ständiges Streiten die Unbeschwertheit meiner Kindheit genommen hatten. Ja, ich wusste, dass ich dünn war, dass meine Knochen hervortraten. Aber wenn ich in den Spiegel blickte, sah ich immer noch den dicken Bauch und die ekeligen Oberschenkel. Und solange diese nicht verschwanden, würde ich weitermachen.

Meine Haut war trocken und schuppte sich, manchmal riss sie auf und blutete. *„Herrlich, nun sah ich noch erbärmlicher aus. Bestimmt würde man bald meine Qualen bemerken und mir helfen, damit ich wieder so glücklich werden kann, wie vor dem Schikurs"*, dachte ich mir. Meine Haare wurden dünner und fielen stark aus, meine Nägel waren brüchig und mir war ständig kalt. Zu meinem Entsetzen breitete sich auch ein merkwürdiger Flaum über meinem gesamten Körper aus, in der Fachsprache heißt das „Lanugohaar". Dieses Haar schützt das ungeborene Kind im Mutterleib, normalerweise in einer bestimmten Entwicklungsphase, vor Kälte. Dann blieb meine Menstruation aus. Ich triumphierte, ich hatte meinen Körper endlich lahmgelegt. Ich war nicht bereit, zur Frau zu werden, bevor ich meine Mission, dünn und perfekt zu sein und so Mama zu heilen, nicht beendet hatte. Ich fühlte mich wie ein Krieger, ich kämpfte eine Schlacht gegen das Einsetzen der körperlichen Pubertät. Weibliche Formen waren da völlig unangebracht. Und ich kämpfte auch gegen meine aufkommende Sexualität. Gefühle machten mich wieder schwach und weich, das wollte ich nicht. Ich wollte Kontrolle.

Meine Freundinnen begannen nun auszugehen. Ich ging mit und es gefiel mir überhaupt nicht. Ich wollte weder rauchen noch Alkohol trinken noch von irgendwelchen Männern angemacht werden. Ich wollte lieber zu Hause meine Ruhe haben und nicht so spät schlafen gehen. Ich war hundemüde und bat meine Mama, mich früher abzuholen. Wieso waren denn die anderen nicht müde? Wieso war ich schon wieder ein Außenseiter? Nein, Papa, ich schaffte es nicht, wie die anderen zu sein. *„Ich bin ja so ein Versager"*, dachte ich damals.

Einmal griff mir ein Bursch beim Fortgehen auf den Oberschenkel. Er war schon etwas betrunken. Ich erstarrte zur Salzsäule. Ich denke, die Berührung und die Aufmerksamkeit hatten mir für einen kurzen Moment gefallen, aber das durfte ich nicht zulassen. Ich durfte die Kontrolle über mich nicht verlieren. Ich schrie ihn an, mich NIE, NIE WIEDER anzugreifen. Er zuckte mit den Achseln und drehte sich weg.

Ich sah nun also schon recht magersüchtig aus. So weit, so gut. Nun begann auch meine Mutter, meine Veränderung zu registrieren. Sie schleppte mich zu unserem damaligen Hausarzt. Er wog mich und konstatierte: *„Du bist magersüchtig."* „Ah geh", dachte ich mir damals, *„mehr haben Sie nicht drauf. Das weiß ich schon lange."*

Und ja, ich wusste das. Ich hatte einmal einen Artikel in einem Mädchenmagazin über Magersucht gelesen und mir war klar, dass ich diese Krankheit hatte. Damals war mir aber nicht klar, dass ich sie nicht nur hatte, sondern auch daran litt. Ich dachte eigentlich, sie würde mir nützen.

Meine Mutter bekniete mich, doch wieder zu essen. Sie ängstigte sich sehr um mich. Gut so. Immerhin wollte ich auch sie bestrafen, dafür, dass sie nicht die Mutter war, die ich mir wünschte. Sie war nicht so lebenslustig und cool wie die Mutter meiner Freundin. Sie nervte mich damit, dass sie mich noch immer wie ein Kleinkind behandelte, aber selbst in keiner Weise erwachsen handelte. Was nämlich ihre eigene Erkrankung betraf, da kam sie mir selbst wie ein stures Kind vor, das nicht hören wollte.

Ganz ehrlich, wie hätte ich denn als Kind meine Mutter therapieren können? Ich hätte das auch nicht gekonnt, wenn ich damals schon erwachsen gewesen wäre, aber ich verstand mich nun einmal als ihre Therapeutin.

Als ihre Tochter, die ich aber war, da wollte ich ihr einmal zeigen, wie das ist, die ständige Angst um die Gesundheit des anderen. Und mein Vater, der also der Meinung war, ich wäre nicht gut genug, sondern solle lieber wie meine Freundinnen sein, der würde schon sehen, wie beeindruckend ich sein konnte. Das mit meinem Vater funktionierte zwar nicht so, wie ich mir das vorstellte – er war wütend und zornig, dass ich so einen Blödsinn aufführte – aber eines gelang: Ich lenkte den Fokus meiner Eltern weg von sich selbst und ihren Problemen auf mich. Ein Teilsieg war errungen. Meine Mutter benahm sich auf einmal ganz passabel und mütterlich, bemüht, ihrer kranken Tochter zu helfen. Endlich nahm ich sie wieder so wahr, wie als Kind, als meine Mama, die mich liebhat und sich um mich kümmert. Nicht als die schwerkranke Frau, die ich sah, als ich älter wurde. Ich hatte meine Mama wieder zurück. Da mein Vater nicht bereit war, mir die Führungsrolle in der Familie zu überlassen, wurde er zu meinem Feindbild. Ich hasste ihn dafür, dass er meine Mutter immer so anschrie. Ich stilisierte ihn zum Täter und meine Mutter zum Opfer.

Es ging mir nun zunehmend schlechter. Ich leugnete nicht mehr, wie ich es noch beim Hausarzt getan hatte, magersüchtig zu sein. Ich wusste, dass ich es war, aber ich wusste leider nicht, wie ich da wieder herauskommen sollte.

Also suchte ich gemeinsam mit meiner Mutter eine Psychologin auf. Ich mochte sie überhaupt nicht. Sie war groß und dick und grell geschminkt und sie siezte mich. Ich war damals zwölf Jahre alt und fühlte mich damit so gar nicht wohl.

„Sie fühlen sich also zu dick, aha", bemerkte sie, *„nun dann werde ich Ihnen dieses Buch hier mitgeben. Es ist für dicke Menschen, die gerne abnehmen möchten."* War die irre? So einen himmelschreienden Blödsinn hatte ich noch nie gehört. Wollte sie mich vielleicht verarschen, war das ein Versuch von „umgekehrter Psychologie"? Ich sagte ihr zwar, dass ich mich immer noch zu dick fühlen würde, aber ICH MEINTE DAS JA GAR NICHT SO. Ich wusste, dass ich dünn war, magersüchtig, aber was hätte ich ihr denn sagen sollen?

Meine Mutter war nach dem Besuch dort auch nicht sonderlich begeistert, aber so schnell wollte ich nicht aufgeben. Also las ich das Buch; es hieß darin in etwa: *„Wenn Sie dünn sein möchten, essen Sie, so viel und was Sie wollen, so machen dünne Menschen das. Dann werden Sie auch nicht dick …"*

Ich wusste beim besten Willen nicht, wie mir dieser „Schwachsinn" hätte helfen sollen. Ich fühlte mich nun völlig verzweifelt. Es gab offensichtlich niemanden, der mir helfen konnte.

Und dabei ich hatte so einen unbändigen Hunger! Nicht gerade hilfreich, wenn man magersüchtig sein will. Ich wollte leben, Schokolade essen, endlich frei und glücklich sein. Ich wollte loslassen und wusste nicht, wie. Ich wollte wieder genießen, mich der sinnlichen Versuchung hingeben, aber dies ließ sich nicht mit meinem Leben als Magersüchtige vereinen. Also musste ich sterben. Auch egal. Der Hunger war einfach zu groß geworden. Und so beschloss ich, meinen Plan in die Tat umzusetzen, mich zu sättigen und dann umzubringen. Ich hätte mir diese Schwäche, zu essen, nicht verzeihen können.

Eines Nachts wachte ich auf und beschloss, dass nun die Zeit gekommen wäre, meinen Selbstmord durchzuführen. Ich hatte ziemlich Angst vor dem Umbringen, es sollte schnell gehen und nicht allzu schmerzhaft sein. Und ich wollte dabei nicht gestört werden. Ich plünderte meine Ersparnisse. Mit zitternden Fingern öffnete ich den weißen Porzellanhasen mit den rosaroten Tupfen, meine Spardose. Ich steckte das Geld ein. Und dann dachte ich, irgendetwas fehlt noch. Um meiner Tat mehr Dramatik zu verleihen, inszenierte ich sie beinahe als Theaterstück. Ich entschied mich für eine Kette mit einem Schutzengel und einem Rosenquarzherz als Anhänger. Ich bat meine Mutter, mir diese umzulegen. Sie half mir. Merkte sie denn gar nichts? Wie ich jetzt aussah, reisefertig zum Sterben, sah das denn niemand? Es gab wohl kein Zurück mehr.

Aus der Küchenschublade nahm ich mir ein schmutziges Taschenmesser mit. Es hatte einen roten Griff. Meine Mutter hatte es immer verwendet, um im Weingarten meines Opas die Rosen zu schneiden. Der Weingarten ... Ich hatte glückliche Stunden dort verbracht.

Wieso musste denn nun alles zu Ende sein? Wieso konnte ich denn nicht einfach wieder die Alex sein, die ich früher war?

Mein Vater hatte mir oft gesagt, dass ich mir wohl in meiner Rolle gefiele. Er hatte recht. Ich gefiel mir. Ich spielte die Rolle meines Lebens und war bereit für ein fulminantes Finale. Ich ging los.

Ich fühlte mich wie die Hauptdarstellerin in einem Film. Und ich führte Regie. Ich ging vorbei an den Bahnschienen. Wir wohnten dort in der Nähe und ich erinnere mich, dass ich als Kind mit einer Nachbarin und deren Hund dort spazieren gegangen war. Meine Kindheit war so schön gewesen, oder? Wieso musste jetzt alles so kompliziert sein? Ich konnte meine Entwicklung nicht mehr kontrollieren oder stoppen. Ich war es leid zu hungern.

Ich ging zu einem Fastfood Lokal. Es war mir fast ein bisschen peinlich. Welche großen Dramen der Menschheitsgeschichte endeten schon in der Filiale einer Burger-Kette? Aber das musste ja keiner wissen. Ich bestellte nach Herzenslust. Es war herrlich. Nur nicht zu viel bestellen, dachte ich. Damit es nicht verdächtig wirkt. Zuvor hatte ich mir noch einen Schokoladenkuchen gekauft. Er sollte der Höhepunkt meines Festmahls werden. Ich nahm mein Essen und ging aufs Behindertenklo. Ich muss sagen, es schmeckte nicht so gut, wie erhofft. Der Klogeruch und die Umgebung waren eigentlich sehr traurig und gar nicht schön. Und ich wurde mit einem Mal auch sehr traurig. Mit dem Kuchen ließ ich mir Zeit. Wie gesagt, ich hatte große Angst vor dem Umbringen. Dann fiel mir ein, dass ich noch einen Abschiedsbrief schreiben musste. Darin sollte stehen, dass es mir leid tue. Und dass meine Eltern doch bitte den armen grauen Papagei kaufen sollten, den ich im Tiergeschäft gesehen hatte. Er tat mir so leid. Er rupfte sich die Federn, weil er so unglücklich war. Wenigstens er sollte es besser haben. Es ist schon verrückt, was man sich so denkt, wenn man meint, man müsse bald sterben ...

Ich glaube, ich habe mir zuerst in die linke Hand geschnitten. Es ging nicht sonderlich gut. Die schmutzige Klinge brannte auf meiner Haut. Ich setzte immer wieder neu an, aber mehr als ein paar blutige Kratzer bekam ich einfach nicht hin. Scheiße! Ich versuchte es an der anderen Hand. Auch nicht besser. Ja, wie schwer konnte das denn sein? So würde das nie etwas werden. Ich erinnerte mich daran, dass ich im Biologieunterricht einmal gehört hatte, man müsse an der Innenseite der Oberschenkel schneiden. Dort waren die Blutgefäße größer und das Verbluten ging schneller. Na bitte, das kam mir gerade recht. Aber außer ein paar roten Kratzern brachte ich wieder nichts zustande. Es reichte. Zornig stand ich auf und warf meinem Spiegelbild einen bitterbösen Blick zu. Wie dumm bist du eigentlich? Stich doch endlich zu! Ich setze mir das Messer an den Hals und drückte gegen meinen Kehlkopf. Und endlich fand sich ein kleines Stückchen Alex wieder in mir und bäumte sich gegen die Magersucht auf. Nein, ich lasse mich nicht sterben! Ich gab auf. Ich versteckte das Taschenmesser in meinem Rucksack. Also heute würde ich nicht sterben. Vielleicht ein anderes Mal. Ich fühlte mich schwach und wollte nur mehr nach Hause. Aber wie? Ich war mir nicht sicher, ob man die blutigen Kratzer sehen würde. Ich öffnete vorsichtig die Klotür und sah einen Jungen, der vielleicht zehn Jahre alt war. Ich bat ihn, eine Angestellte auf die Toilette zu schicken und hoffte, er würde das auch tun. Und sie kam. Sie fragte mich, ob ich denn einen „Blutsturz" gehabt hätte? Ich vermutete mal, sie meinte einen Kreislaufkollaps und das schien mir eine gute Erklärung zu sein. Ich war blass und kaltschweißig. *„Ja"*, sagte ich. Sie fragte mich, ob sie mich nach Hause führen sollte und wieder bejahte ich. Als sie mir ihre Schürze um meine Beine wickelte, war ich mir nicht sicher, ob sie die Kratzer vielleicht doch gesehen hatte? Möglicherweise dachte sie, ich wäre eine, die sich ritzt? Auch gut. Sie fuhr mich nach Hause und dort angekommen, versicherte ich ihr, dass ich es nun schon alleine zur Tür schaffen würde. Ich ging nach Hause in unsere Wohnung. Meine Mutter war nicht da. Vielleicht war sie einkaufen gefahren? Als sie nach Hause kam, legte ich das Heft vor sie hin, in welches ich meine Abschiedsworte geschrieben hatte und bat sie, es zu lesen. Dann lief ich schnell in mein Zimmer. Ich wollte nicht sehen, wie sie es las. Ich schämte mich, dass ich ihr das angetan hatte.

Nun ja, mehr habe ich natürlich nicht *gebraucht*. In Tränen aufgelöst, eilte meine Mutter zu mir und versprach mir, dass alles wieder gut werde. Auch ich weinte und glaubte ihr.

Dann fuhr meine Mutter mit mir in die Schule. Mein damaliger Klassenvorstand und die Vertrauenslehrerin wussten, was zu tun war. Die Vertrauenslehrerin hatte Kontakt zu der Kinder- und Jugendneuropsychiatrie im Allgemeinen Krankenhaus der Stadt Wien, dem AKH. Dort rief sie an und man sagte ihr, meine Eltern und ich konnten dorthin kommen. Wir packten zu Hause noch eine Reisetasche mit Gewand und Toilettenartikeln, falls man mich dortbehalten würde. Ich sollte mein Zuhause für eine lange Zeit nicht mehr sehen …

MEIN ZUHAUSE, DAS AKH

39 kg

Ich fuhr mit meinen Eltern ins Allgemeine Krankenhaus, kurz AKH. Ich erinnere mich gar nicht mehr daran, wie mein Vater auf meinen Suizidversuch reagiert hatte, aber er war sofort zur Stelle, um mich ins Spital zu führen. Ich glaube, er funktionierte einfach in dieser Situation. Und das war gut so.

Da war ich nun also, auf der Psychiatrie. Das erste, woran ich mich erinnern kann, ist das Büro von Dr. A. Er hatte eine lustige Igelfrisur und sehr blaue Augen. Und er hatte ein liebes Lächeln. Ich dachte, ihm könne ich vertrauen. Und er duzte mich. Er war sehr nett. Ich weinte nur. Er reichte mir ein Taschentuch und ließ mich einfach erzählen. Ich sagte ihm, wie verzweifelt ich wäre, dass ich Magersucht hätte und nicht mehr haben wollte, aber allein da nicht mehr herausfände. Ich bat um Hilfe. Endlich bat ich um Hilfe. Und ich erhielt sie.

Ich wurde also zum ersten Mal stationär aufgenommen. Ich sollte mir das Zimmer mit einem Mädchen teilen und ich sehe sie vor mir, als ob es gestern gewesen wäre. Sie saß auf ihrem Bett, offensichtlich war sie auch magersüchtig. Sie hatte rotgefärbtes Haar und ihre Mutter war bei ihr. Sie sah mich skeptisch an und sagte: *„Bist du auch eine Anorexie?"* *„Nein"*, sagte ich, *„ich bin die Alex!"* Sie lächelte und so wurden wir Zimmerkolleginnen.

Dann lernte ich die mir zugeteilte Bezugsschwester kennen. Sie war sozusagen meine Kontaktperson, an die ich mich wenden konnte, wenn ich etwas brauchte oder Fragen hatte. Sie erklärte mir den Ablauf auf der Station: Die Menge, die ich essen sollte, teilten die Schwestern ein. Auch die Menge, die ich trinken sollte. Vorsichtig fragte ich, was denn wäre, wenn ich Durst bekäme. Sie meinte, bei dieser Menge sollte das eigentlich nicht sein, aber dann könnte ich ihr das sagen. Dass Bulimikerinnen literweise Wasser tranken, um danach leichter erbrechen zu können, wusste ich damals nicht. Noch nicht!

Ich war zwölf Jahre alt und somit noch schulpflichtig. Es gab einen eigenen Raum auf der Station, die Schule, wo wir von zwei Pädagoginnen betreut wurden. Meine Eltern brachten mir meine Schulbücher und die Aufgaben von zu Hause mit. Ich schrieb sogar eine Englisch-Schularbeit im AKH. Dass ich dabei alleine in einem Zimmer saß und mich wirklich nur auf mich konzentrieren konnte, gefiel mir sogar so gut, dass ich, als ich wieder zurück im Gymnasium war, absichtlich eine Matheschularbeit verpasste, damit ich diese dann alleine nachschreiben konnte.

Aber meine Eltern brachten mir nicht nur meine Schulsachen, sondern eines Tages auch einen ziemlich großen Karton aus der Schule mit. Darin waren Briefe. Es waren wirklich viele Briefe. Mein damaliger Klassenvorstand hatte meine Mitschüler dazu veranlasst, mir ein paar Zeilen zu schreiben. Ich freute mich sehr darüber. Ich muss sagen, meine Mitschüler und ich kannten uns noch nicht besonders gut, daher schrieben mir einige von ihnen natürlich nur ein paar aufmunternde Worte. Was soll man denn auch sonst jemandem schreiben, der krank ist? Also las ich sehr oft: „... *und schau, dass du bald wieder gesund wirst.*"

Auch meine Brieffreundin aus Deutschland schickte mir ein Paket. Ich freute mich über das Stofftier und die Karte darin, aber ich fühlte nicht die aufrichtige Sorge und Anteilnahme, die aus ihren Zeilen hervorging. Ich war zu sehr mit mir selbst beschäftigt. Einmal wollten mich ein paar alte Freundinnen besuchen kommen, ich wimmelte sie aber ab, indem ich behauptete, ich hätte leider gar keine Zeit für Besuch. Das AKH gehörte nur mir. Ich wollte noch einmal ganz von vorne anfangen, alles hinter mir lassen und es diesmal besser machen. Ich hatte Angst, dass sie mich wieder in den Hintergrund drängen würden, lustiger und toller als ich wären und mich dann wieder keiner leiden konnte. So empfand ich damals. Da ich es immer allen recht machen wollte, um Streit zu vermeiden – ja ich hatte dieses Verhalten nun nicht nur mehr auf meine Eltern, sondern auf alle Lebensbereiche ausgedehnt – wurden mir meine damaligen Freundschaften immer unerträglicher. Ich hörte auf, zu sagen, was ich wollte und was ich nicht wollte. Ich war ein stummer Mitläufer geworden, der das tat, was die anderen wollten. Und jedes Mal, wenn sie etwas taten, worauf ich keine Lust hatte, hasste ich sie ein Stückchen mehr. Ich wollte laut schreien: *„Nein, das will ich nicht."* Stattdessen sagte ich: *„Ja sicher, wenn ihr das so wollt."* Sie ließen mich Schmiere stehen, wenn sie rauchen wollten. Ich mochte es nicht, alleine zu warten und zu schauen, ob ihre Eltern kamen und tat es doch. Ich wollte doch, dass sie mich mögen. Ich wollte so gerne dazugehören. Mein Vater hatte mir gesagt, ich solle mir ein Beispiel an ihnen nehmen. Ich habe ihm das später einmal erzählt und er meinte, wenn er gewusst hätte, was diese Worte in mir auslösten, hätte er das niemals so ausgesprochen. Aber in meiner Krankheit und meinem Selbsthass kamen sie mir eben gerade recht.

Immer wieder dachte ich, die anderen – egal um welche anderen es sich auch handelte – wären viel „cooler" als ich. Ich stieß damals ein paar wirklich gute Freundinnen sehr vor den Kopf, da ich ständig der Meinung war, die anderen Cliquen seien eben viel „cooler". Es tut mir leid, dass ich damals so gemein zu meinen richtigen Freundinnen war ...

Aber jetzt befinden wir uns im AKH und ich versuche Ihnen ein Bild von der Station zu malen. Alles war sehr hell und freundlich und ich hatte nie das Gefühl: *„Ich bin jetzt auf der ‚Psych'."* Es gab dort weder „Irre" noch Zwangsjacken wie in den Filmen, die auf psychiatrischen Stationen spielen. Nur liebe Burschen und Mädels. Einige waren essgestört, andere hatten Schulängste, aber ich empfand sie als genauso normal wie die Leute „draußen". Und ich habe es lange Zeit gehasst, wenn Leute später irgendwas von „Verrückten aus der Klapse" erzählten.

Damals war ich schon lange nicht mehr essgestört, die meisten von ihnen wussten auch nichts von meiner Krankheitsgeschichte, und trotzdem verletzten mich diese Worte. Ich wollte ihnen dann sagen: *„Ich war auch so eine Irre und das, was du da sagst, fühlt sich ziemlich scheiße an!"* Aber ich tat es nicht. Mittlerweile spielen solche Ausdrücke wie „Irrenanstalt" oder „Klapsmühle" keine Rolle mehr für mich. Die Leute sagten so etwas doch nicht mit böser Absicht zu mir.

Abgesehen davon, dass mir vorgeschrieben wurde, wie viel ich zu essen hatte, gab es noch eine weitere Regelung, die Gewichtsstufen. Sie hießen:

o Ganztags im Bett
o Halbtags auf
o Ganztags auf
o Alleine essen

Ich hatte mittlerweile 39 kg und war erstmal „ganztags im Bett". Das bedeutete, dass ich ausschließlich zu den gemeinsamen Mahlzeiten mit den anderen Essgestörten aufstehen und in den Aufenthalts- und Essraum gehen durfte. Und ich musste im Zimmer auf die Leibschüssel gehen, wenn ich aufs Klo musste. Ich dachte zunächst, das wäre ein Scherz gewesen, aber unser Harn wurde untersucht. Die Schwestern ermittelten das spezifische Gewicht, also wie wässrig der Harn war, und ob wir heimlich Wasser getrunken hatten, um leichter erbrechen zu können beziehungsweise uns für die tägliche Abwaage schwerer zu machen. Sie vertrauten uns nicht. Einmal zeigte mir eine Schwester, wie sie diese Untersuchung durchführte und ich fand das total interessant.

Bei „halbtags auf" durften wir, wenn wir ein gewisses Gewicht erreicht hatten, nach der Nachmittagsjause um 14:30 Uhr aufbleiben und am Nachmittagsprogramm teilnehmen. Es gab einige Sozialpädagoginnen und später auch einmal einen Sozialpädagogen, die mit uns in den Garten gingen oder ins Hallenbad im AKH, ein sehr warmes Therapiebecken. Oder wir machten Ausflüge. Ich liebte das. Wir waren auf der Donauinsel Tandem fahren, gingen in ein Kaffeehaus, wo es Tischdecken aus Papier gab, auf denen man kritzeln konnte, wir waren eislaufen und einmal auch im Schmetterlingshaus im Zoo. Das war besonders lustig, denn wir fühlten uns alle sehr wohl und nahmen unsere Krankheiten nicht so schwer. Und als wir an die Kassa kamen, um die Eintrittskarten zu kaufen, meinte die Sozialpädagogin im Spaß zu uns: *„Ich versuche, günstigere Karten für uns zu bekommen. Ich werde sagen, wir kommen von der Kinderstation im Spital. Also schaut's a bisserl arm drein."* Wir haben alle herzlich gelacht.

Und das Beste an „halbtags auf" war, dass ich endlich wieder aufs normale Klo gehen durfte. Wenn einem gewisse Selbstverständlichkeiten genommen werden, weiß man diese nachher umso mehr zu schätzen. Hier wurden mir nun endlich die Grenzen gesetzt, die ich so sehr von meiner Mutter eingefordert hatte. Aber sie hatte mich ja so lieb und ließ mir vieles durchgehen. Ich hätte so gerne einmal Fernsehverbot oder Hausarrest gehabt. Oder Taschengeld. Aber es hieß nur: *„Wenn du etwas willst, mein Katzi, dann sag mir das. Dann gebe ich dir das Geld."*

Da meine Eltern aber die meiste Zeit deshalb stritten, weil meine Mutter so viel für Ihre Sucht ausgab, wünschte ich mir nicht allzu oft etwas. Sonst hätten meine Eltern bestimmt noch mehr gestritten und meine Mutter wäre wieder traurig und ich wäre daran schuld. Aber eigentlich ohnehin immer alles von der Mama zu bekommen und sich nie alleine etwas kaufen gehen zu können, das war nicht schön.

Bei „ganztags auf" durfte man sich dann auch am Vormittag frei durch die Station bewegen.

Und bei „alleine essen", saß man nicht mehr mit den anderen Essgestörten am Tisch, sondern mit den anderen Patienten.

Zusätzlich gab es noch den „Zehnerreiter". Wenn man in einer Woche mehr zugenommen hatte, als vorgesehen war, bekam man gewisse Vergünstigungen wie zum Beispiel Ausgang mit dem Besuch oder aber auch ein Wochenende zu Hause. Ich weiß noch, wie ich einmal, als wir nach Hause in unsere Wohnung fuhren, meinen Eltern von „zu Hause" erzählte. Und damit meinte ich das AKH.

Unmittelbar nach der stationären Aufnahme hatte man auch begonnen, mich gründlich zu untersuchen. Mir wurde Blut abgenommen um zu sehen, welche Spuren die Erkrankung in meinem Körper hinterlassen hatte. Eine Ärztin auf der Station, Dr. B. eröffnete meiner Mutter dann auch, dass ich zu Hause vielleicht noch drei Tage zu leben gehabt hätte, wenn ich so weitergemacht hätte. Drei Tage? Dabei fühlte ich mich nicht einmal sonderlich krank. Aber an die Möglichkeit eines drohenden Versagens von Herz oder Nieren hatte ich gar nicht gedacht. Meine Eltern und ich waren schockiert.

Weiters wurde auch eine Knochendichtemessung durchgeführt. Man wollte sehen, ob die Magersucht meinem Skelett zugesetzt hatte, immerhin befand ich mich mitten im Wachstum.

Ich weiß noch, dass die Messung ganz lustig war: Ich lag auf einer Untersuchungsliege und ein roter Laserstrahl tastete meinen Körper ab. Ich fühlte mich wie im Spaceshuttle. Dass ich mich noch so gut an diesen Tag zurückerinnern kann, ist auch einem ganz lieben Krankenpflegeschüler geschuldet. Er brachte mich zur Untersuchung. Um mir meine Angst zu nehmen, erzählte er mir von seinem Kater Mozart und dass er gerade Lateinvokabeln büffelte. Er sagte mir, das lateinische

Wort für Speiseröhre gefiele ihm besonders gut – *Ösophagus*. Oh, wie das klang! Ich konnte es gar nicht aussprechen. Eines Tages da wollte ich auch einmal eine berühmte Ärztin sein, dachte ich so bei mir.

Und überhaupt, wie viele großartige Menschen mich durch den Stationsalltag begleiteten. Als ich meinen 13. Geburtstag auf der Station feierte, kamen mich zwei der Krankenpflegeschüler, die inzwischen gar nicht mehr auf unserer Station arbeiteten, sogar mit einem kleinen Geschenk besuchen. In der Küche wurde mir ein Extrawunsch erfüllt, anstatt der sonst üblichen Sachertorte hatte man mir eine Joghurttorte gebacken. Es gab damals auch einen Jungen auf der Station, der Gitarre spielen konnte. Er wollte, dass ich mir zum Geburtstag ein Lied von ihm wünschte, welches er dann spielen wollte. Das war so schwierig für mich. Ich sollte meine Meinung sagen, vor all den anderen Patienten. Schweren Herzens wünschte ich mir dann das Lied „Country Roads" und zu meinem Erstaunen passierte gar nichts Schlimmes. Niemand lachte mich aus. Das war ein überwältigendes Gefühl.

Dann war da noch das Essen der Magersüchtigen: Wie gesagt nahmen wir unsere Mahlzeiten unter der Aufsicht einer Schwester ein. Einmal sagte mir eine andere Magersüchtige, die schon länger auf der Station war, dass auch sie freiwillig hier wäre, so wie ich, und es gut fände, dass ich noch so schnell aß. Ich verstand zunächst einmal überhaupt nichts. Waren denn die anderen Mädels nicht auch freiwillig hier? Wollten sie denn nicht auch gesund werden? Und wie meinte sie das, ich würde noch schnell essen?

Ich war ja noch so naiv! Doch schon bald stellte ich fest, was um mich herum eigentlich alles geschah. Trotz meiner eigenen Erkrankung nahm ich die Magersucht der anderen als etwas Schreckliches und Beängstigendes wahr. Sie waren alle so dünn. Ich empfand mich selbst gar nicht so. Später sollte ich erfahren, dass wir alle so dachten. Aber zurück zum Essen. Offensichtlich gab es für jede Mahlzeit eine vorgeschriebene Zeit, in der man diese einzunehmen hatte. Und an unserem Tisch gab es eine Art Machtkampf, wer am langsamsten essen konnte. Anfangs nervte mich das, aber ich zügelte mein Esstempo dennoch, um nicht aufzufallen. Für so viel Individualität fehlte mir einfach der Mut.

Als es mir zu einem späteren Zeitpunkt einmal sehr schlecht ging, da gewann ich diesen Machtkampf und beendete meine Mahlzeit als Letzte. Was für ein Triumph. Ein anderes Mädchen und ich hatten das Gleiche zum Abendessen bestellt, sie wollte immer Mitleid von allen, so empfand ich damals, und ich mochte sie nicht. *„Dir hab' ich's jetzt aber gezeigt"*, dachte ich. *„Ich bin schon viel länger hier auf der Station und kenne auch ein paar Tricks. Jetzt weißt du, wo dein Platz ist."* Ich war erbärmlich.

Ja, die Tricks. Offensichtlich hatte ich überhaupt keine Ahnung, wie sich eine richtige Magersüchtige benahm. Ein Mädchen hielt sein Butterbrot immer mit beiden Händen, um möglichst viel Butter wieder herunterzuwischen und turnte heimlich am Klo. Ich fand beides eklig. Ein anderes Mädchen tigerte wie besessen in seinem Zimmer auf und ab, um möglichst viele Kalorien zu verbrennen. Ich fand das idiotisch. Wir sollten doch zunehmen.

Ich war damals gerade erst dreizehn und das Nesthäkchen unter den Magersüchtigen. Sie waren eben einfach schon ein bisschen weiter, auch in ihrer Magersucht. Aber im Großen und Ganzen waren wir uns doch alle sehr ähnlich.

Dann gab es da noch M. Sie war das magersüchtigste Mädchen, das ich je gesehen hatte. Sie hatte als Einzige von uns eine Magensonde, wurde also künstlich ernährt. M. erschien gelegentlich im Türrahmen ihres Zimmers und lugte auf den Gang. Sie sah so erschreckend aus, dass wir anderen uns vor ihr fürchteten. Einmal sah ich sie in einem Rollstuhl sitzen, beide Beine waren bandagiert, was machten die denn nur mit ihr? Ein anderes Mal ergab es sich – ich weiß nicht mehr warum, ich glaube, es war, weil sie nicht aufstehen durfte – dass der Unterricht in ihrem Zimmer stattfand. Eine Lehrerin war herübergekommen und da saßen wir nun und sollten einen Aufsatz verfassen. M. sollte eine Personenbeschreibung über jemanden im Raum schreiben. Da waren außer ihr und der Lehrerin noch ein magersüchtiges Mädchen und ich. Sie beschrieb zunächst das andere Mädchen und dann mich. Und sie schilderte uns so liebevoll und herzlich, dass ich einen Eindruck davon bekam, wer dieses erschreckend dünne Mädchen einmal gewesen war, ein ganz lieber Mensch. Dann wurde sie in künstlichen Tiefschlaf versetzt. Wir hatten damals alle Angst, dass sie sterben würde. Es ging ihr wirklich schlecht. Sie riss sich sogar die Infusionen aus dem Arm, so entschlossen war sie, nicht auch nur einer einzigen Kalorie Zugang zu ihrem Körper zu gewähren. Ich sah das mit an, ich sah, wie das Blut aus ihrem Arm lief, nachdem sie die Infusion herausgezogen hatte, und hatte Angst. Vor ihr, vor der Magersucht.

Einmal sah ich M. noch wieder. Es war bei einem meiner späteren Aufenthalte auf der Station. Sie kam zu Besuch und ich erkannte sie zunächst gar nicht. Sie sah aus wie das blühende Leben, lachte und strahlte und wünschte mir viel Kraft. M., ich weiß nicht, wo du heute bist, aber ich hoffe, es geht dir gut. Ich bewundere deine Stärke!

Schon nach ein paar Tagen auf der Station wurde ich auch zum ersten Mal zur Psychologin geholt. Sie machte eine Reihe von Tests mit mir. Sie zeigte mir Bilder von verschiedenen Menschen in unterschiedlichen Situationen, welche ich interpretieren sollte. Auf einem dieser Bilder war ein kleiner Junge, der eine Geige hielt. Er sah so traurig aus. Was ich denn davon hielte, fragte mich die Psychologin. Ich sagte: *„Ich denke, er würde lieber Schlagzeug spielen.“* Und dann tauchten wir noch tiefer in das Bild ein. *„Warum spielt er denn nun aber Geige und nicht Schlagzeug?“*, fragte sie. Und ich antwortete ihr, dass er das wohl seinem Vater zuliebe täte und da begriff ich, wie die Psychologin durch diese „Bildgeschichten“ Zugang zu meinem eigenen Leben fand.

Das faszinierte mich sehr. Immer wieder war ich selbst überrascht, was ich in gewissen Bildern sah und wie sehr mich diese Situationen doch eigentlich selbst betrafen.

Wir machten natürlich auch den „Rorschach-Test“, bei dem man sich Tintenkleckse ansieht und sagen soll, was man darauf erkennt.

Ich schwöre Ihnen, auf dem letzten Bild sah ich eine Gämse und dachte bei mir *„Was sagt denn das jetzt bitte über meine Psyche aus?“*

Und dann gab es da auch noch Frau Dr. B. und Dr. A. Sie übernahmen zunächst unsere Betreuung, holten mich zu Einzelgesprächen oder aber meine Eltern zu Elterngesprächen. Oder wir hatten alle einen Termin für ein Familiengespräch. Das war alles ganz großartig. Beide Ärzte waren uns äußerst sympathisch und die Gespräche waren durchaus positiv. Sie gaben uns Hoffnung, ließen uns verstehen, wie es zu meiner Krankheit gekommen war und versprachen Besserung.

Wir erfuhren, dass mich die Überfürsorge meiner Mutter fast erdrückt hatte, wir alle viel zu sehr am Wohl des anderen interessiert wären und uns darüber alle selbst aufgeben würden und, und, und. Endlich kam ein wenig Licht in das Durcheinander, das mich in den vergangenen Jahren so gequält hatte.

Na bitte, dann müssten wir uns bloß ändern und alles wäre wieder gut, oder?

Aber so einfach ist das nicht ...

Ich bekam damals auch zum ersten Mal Antidepressiva verordnet. Sie sollten mir dabei helfen, mich zu entspannen und leichter mit der Therapie und den daraus entstehenden Stresssituationen fertig zu werden. Aber diese Medikamente sind tückisch. Es dauert eine ganze Weile, leider oft mehrere Wochen, bis sich der Körper an diese Präparate gewöhnt.

So wurde ich von dem ersten Medikament sehr müde. Meine Augenlider waren schwer und mein Mund war ganz trocken. Wenn mich meine Eltern besuchen kamen, und sie kamen jeden Tag, konnte ich meine Augen kaum offenhalten. Ich wurde dann auf ein anderes Präparat eingestellt und schon bald ging es mir wieder besser. Ja, meine Eltern besuchten mich jeden Tag, das war wirklich schön. Sie schauten in meinem jetzigen Leben vorbei und fuhren dann als Ehepaar wieder nach Hause.

Fast vier Wochen waren vergangen, als mich Dr. A. in sein Büro bat. Es gäbe ein neues Therapiekonzept, welches ein umfangreiches Therapieangebot mit einer Kombination aus Einzel- und Gruppenpsychotherapie sowie Einzel- und Gruppenphysiotherapie beinhaltete und nannte sich TURNUS.

Wie lange dieser Turnus denn dauern würde, fragte ich Dr. A. Acht Wochen meinte er. *„Uff, noch einmal acht Wochen hier."* Aber ich willigte ein.

So begann mein erster Turnus:

Wenn ich mich richtig erinnere, waren wir drei Magersüchtige, ein Mädchen mit Depressionen und ein Mädchen, von dem ich bis heute nicht weiß, woran es litt. Es sprach kaum, einmal schnitt es sich fast den ganzen Unterarm mit einer Schere auf, aber sonst war es eigentlich nur still. Das Mädchen war einfach da. Und ich muss sagen, dieser Turnus gefiel mir ausnehmend gut, vor allem die Physiotherapie. Ich genoss die Einzelsitzungen mit meiner Therapeutin sehr. Sie massierte mich, machte mit mir Rückengymnastik und auch „die Reise des Blutkörperchens durch den Körper", eine Entspannungsübung, bei der ich mich mit geschlossenen Augen auf den Rücken legen und eben dieses Blutkörperchen in mir herumwandern lassen musste. Das war toll. Ich hätte einfach alles gemacht. Einmal bat ich darum, zur Ergotherapie gehen zu dürfen. Dort konnte ich mit allen Materialien basteln, die mein Herz begehrte. Es war herrlich!

Auch die Physiotherapie in der Gruppe war nett. Wir sollten uns gegenseitig die Schultern und die Füße massieren und *begriffen* zum ersten Mal, wie knochig sich unsere Körper eigentlich anfühlten. Wir mussten uns auch auf den Boden legen und unsere Umrisse mit Kreide auf Packpapier malen. So sahen wir Magersüchtigen in der Gruppe, wie dünn wir im Vergleich zu den anderen waren. Und unsere Gruppe begann, zusammenzuwachsen. Im Gruppenpsychotherapieraum war es – wie im AKH manchmal leider nicht unüblich – ziemlich finster und es gab kein Fenster. Also malten wir in der Malgruppe auf der Station eines auf ein Plakat, welches wir dann dort aufhängten. Es hatte ein Fensterkreuz und wir gestalteten jedes Eck individuell. Wir trauten uns allmählich, den anderen zu zeigen, wie wir uns so fühlten und erfuhren keine Ablehnung. Das war eine sehr wichtige und schöne Erfahrung für uns alle. Diese Gespräche wurden zum Teil mitgefilmt, der Turnus war ja ein Pilotprojekt und man wollte auch daraus lernen. Auch die Gespräche mit unseren Eltern wurden gefilmt. Ich habe dieses Filmmaterial natürlich nie gesehen, aber heute würde ich doch zu gerne einmal einen Blick auf mich werfen, wie ich damals war.

Ja, die lieben Medizinstudenten. Es gab da etwas, das nannte sich Praktikum. Und ich wollte so gerne dorthin mitgehen. Meine ebenfalls magersüchtige Zimmerkollegin hatte mir davon erzählt. Man durfte einen der Psychiater zu den Medizinstudenten begleiten. Endlich kam der Tag, an dem ich gefragt wurde, ob ich mitgehen wollte. Und wie ich das wollte! Echte Medizinstudenten. Und die würden mit mir sprechen. Ich war beeindruckt. Ich fühlte mich damals wie Aschenputtel, welches vom Prinzen zum Tanz gebeten wurde.

Und ich liebte das Praktikum. Ich sehe mich noch heute zum Hörsaal gehen. Ich trug eine dunkelgraue Jogginghose und ein T-Shirt mit Tieren darauf. Es war ein WWF-T-Shirt aus dem Zoo. Das amüsierte mich. Da ging ich in meinem gemütlichsten Gewand nun also auf die Uni …

Die Studenten waren bereits in einem höheren Semester und daher wahrscheinlich durchschnittlich zehn Jahre älter als ich. Sie machten Eindruck auf mich, waren sie doch nun beinahe schon Ärzte. Ja, ich hatte mich in die Medizin verliebt. Eines Tages, so dachte ich, würde ich auch eine Ärztin sein.

Ich muss sagen, die Studenten waren ausgesprochen lieb zu mir. Sie stellten mir sehr vorsichtig ihre Fragen, versicherten sich immer wieder bei mir, ob sie dieses oder jenes ansprechen dürften und ich erzählte ihnen gerne meine Geschichte. Ich hatte nichts zu verbergen und habe es bis heute nicht. Ich fand es schön, dass sie Interesse an meiner Krankheit zeigten und hoffte, zu ihrem Verständnis eben dieser etwas beitragen zu können. Ich, die kleine Alex, hatte plötzlich die Macht, Medizinstudenten zu unterrichten. Das war ein erhebendes Gefühl damals und hat mich gewiss in meinem Entschluss, Medizin zu studieren geprägt. Das also war das Praktikum.

Im Turnus sollte mir auch ein eigener Psychotherapeut zur Seite gestellte werden, Dr. Z. Bis jetzt hatte ich meine Gespräche eigentlich immer mit Dr. A. und Dr. B. geführt. Sie kannten mich nun doch schon vier Wochen lang. Ich hatte sie gern, ich vertraute ihnen und nun sollte ich mich wieder einem neuen Arzt öffnen. Na, ich wusste nicht recht.

Da saß ich nun. Und mir gegenüber saß Dr. C. Und er sagte –
NICHTS! Gar nichts! *„Wieso sagen Sie denn nichts?"*, fragte
ich ihn. Er meinte, das hier wäre MEIN Raum, ich könnte
entscheiden, was ich ihm denn gerne erzählen wollte. *„Na
nix"*, dachte ich mir, *„ich kenne den Typen ja gar nicht und
jetzt soll ich noch einmal mit allem von vorne anfangen?"* Ich
bat ihn, dass er zunächst mir etwas über sich erzählen solle.
Das tat er dann auch. Er sagte mir, in welcher Einrichtung er
eigentlich tätig sei und dass er dort viel mit Jugendlichen
zusammenarbeite. Das fand ich zwar alles sehr nett, aber ich
wurde mit ihm einfach nicht richtig „warm". Und so wurde
entschieden, dass es vermutlich besser wäre, wenn Dr. B. die
Gespräche mit mir fortsetzte. Und so war es dann auch.

Kurz bevor der Turnus endete, stellte man mich meiner
Psychotherapeutin vor, die mich von nun an zu Hause bei
meinen Eltern betreuen sollte. Ich saß also auf der Station und
wartete auf sie. Neben mir saß ein sehr blasses, dünnes
Mädchen mit sehr langen Haaren, vermutlich eine
Neuaufnahme. *„Bist du auch magersüchtig?"*, fragte ich sie.
Sie blickte von ihrem Block auf, mir war gar nicht aufgefallen,
dass sie irgendwelche Unterlagen in der Hand hatte. *„Nein"*,
sagte sie, *„ich bin Psychotherapeutin."* Sie war keine neue
Patientin, sie war schlicht und ergreifend dünn. Das Eis
zwischen uns war gebrochen. Wir wurden einander vorgestellt
und sie führte mit mir ein Erstgespräch. Sie sagte mir, ich
solle mich nicht wundern, dass sie mitschreibe, aber sonst
würde sie bis zu unserem Wiedersehen vermutlich die Hälfte
davon wieder vergessen haben. Sie war mir auf Anhieb
sympathisch. Ich hatte bei ihr nie das Gefühl, als Klientin zu
meiner Therapeutin zu sprechen, sondern ich empfand sie als

eine Vertraute und gute Freundin. Als ich nun also entlassen wurde, suchte ich sie zunächst einmal pro Woche und dann seltener auf, um mich bei ihr auszusprechen. Und das tat mir unglaublich gut.

Es wurde uns empfohlen, eine Familientherapie zu machen, aber das war eher ein kurzes Intermezzo. Wir waren einmal bei der Familientherapeutin und mein Vater fühlte sich von ihr angegriffen. Damals sah sich mein Vater oft in der Rolle des Außenseiters, er war immer der „Schuldige". Und er hatte recht mit seinem Gefühl. Meine Mutter und ich hatten uns gegen ihn verbündet. Da ich sie als die Schwächere in den Streitgesprächen sah, stellte ich mich auf ihre Seite. Mein Vater hatte zu dieser Zeit gar keine Chance, gegen diese Symbiose anzukommen. Außerdem gab uns die Therapeutin eine „Hausübung" auf, das gefiel uns allen nicht besonders. Meine Mutter und ich wären zwar bereit gewesen, diese zu machen, aber mein Vater war es dann, der beschloss, dass uns das nichts brächte. Also, keine Familientherapie!

Ich war nun auch zurück in der Schule. Die Lehrer waren sehr lieb zu mir. Mein Lateinlehrer bot mir sogar an, mir Nachhilfe zu geben, da ich ja den Beginn dieses Fachs verpasst hatte, aber wie gesagt, Latein hatte ich mir bereits im Spital beigebracht. Mit dem Lernen ging es eigentlich ganz gut. Was mir allerdings zu schaffen machte, war, dass ich keine Freunde mehr hatte. Ich war so lange weg gewesen und meine Mitschüler wussten eigentlich nicht so recht, wie sie mit mir umgehen sollten. Ich hatte erfahren, dass mein damaliger Klassenvorstand meine Mitschüler auch noch „vorgewarnt" hätte. MAGERSÜCHTIGE LÜGEN! Magersüchtige lügen, was sollte das denn nun bitte heißen?

Sie hätte meinen Mitschülern wohl erzählt, dass sie aufpassen sollen, ob ich meine Jause nicht wegwerfe oder so, erzählte man mir. Ich denke, sie tat das auch aus bester Absicht heraus und weiß gar nicht, was genau sie ihnen erklärt hatte. Aber nun fühlte ich mich vor ihnen als Lügnerin abgestempelt. Sollten sie mich überwachen? Und dachten sie nun womöglich, ich würde überhaupt immer lügen? Ich genierte mich vor ihnen.

Ich weiß noch gut, wie einer meiner Mitschüler in Biologie ein Referat über Magersucht und Bulimie hielt. *„Und dann fallen den Betroffenen alle Zähne aus"*, erklärte er gewichtig. Ich schenkte ihm mein strahlendstes Lächeln. Er hatte es zwar nicht böse gemeint, dennoch ärgerte es mich, was für Absurditäten über meine Krankheit verbreitet wurden. Es mochte ja sein, dass das Hungern und Erbrechen den Zahnschmelz angriffen, das leugnete ich auch gar nicht, aber mir war kein einziger Zahn ausgefallen. Ich denke, schon damals reifte in mir der Entschluss, meinen Mitmenschen diese Krankheit besser verständlich zu machen. Vorerst begnügte ich mich aber noch mit Schweigen.

Zu Hause lief es zunächst eigentlich ganz gut. Ich hatte vom Spital einen Essensplan mitbekommen, an dem ich mich festhalten konnte. Der sah in etwa so aus:

- Frühstück: 1 Gebäck oder 2 Stück Brot mit Butter und Marmelade + 300 ml Kakao
- Jause: 1 Müsli oder Joghurt + 200 ml Saft
- Mittagessen: 1 Portion + 200 ml Saft
- Jause: ½ Stück Kuchen + 200 ml Saft
- Abendessen: 2 Stück Brot mit Belag + 200 ml Saft

Dieser Essensplan gab mir Sicherheit. Ich hatte immer noch Angst davor, zu schnell zuzunehmen. Und um das Voranschreiten meiner Gesundung besser beurteilen zu können, mussten wir zur „Abwaage" kommen. Wir fuhren also circa einmal im Monat nach Wien auf die Ambulanz zu Frau Dr. H. Sie war sehr nett. Ich wurde dort gewogen und sie fragte mich, wie es mir denn zu Hause ginge. Wenn ich nämlich zu viel abnahm, müsste ich wieder aufgenommen werden. Einmal gab auch sie mir eine Aufgabe für zu Hause auf. Ich sollte der Magersucht zwei Briefe schreiben. In einem davon sollte ich sie wie eine gute Freundin ansprechen und mich in dem anderen Brief negativ über sie äußern. Ich besitze diese Briefe nicht mehr, Frau Dr. H. bat mich damals, sie in ihrem Büro aufhängen zu dürfen, weil sie ihr so gut gefielen. Ich weiß aber noch, wie die Briefe jeweils endeten:

Magersucht, ich liebe dich.
Magersucht, ich hasse dich.

Die Magersucht war mir mittlerweile einerseits eine gute Freundin geworden, die mich in meinem Selbstvertrauen stärkte, andererseits war sie aber auch meine schlimmste Feindin, denn ihre Versprechungen waren falsch. Ich wurde zwar immer dünner, aber keineswegs glücklicher …

So führte ich nun also ein Leben zwischen Schule, Psychotherapie, zu Hause sein und Abwaage. Ärgerlicherweise schlief ich anfangs öfter im Unterricht ein. Ich war die Anstrengung eines normalen Schulunterrichtes einfach nicht mehr gewöhnt und meine Medikamente machten mich noch zusätzlich müde. Die Verantwortung für mein Essen gab ich zur Gänze an meine Mutter ab. Sie richtete mir die Portionen laut Essensplan her und ich aß sie brav auf. Ich werde es nie vergessen, als ich eines Tages beim Einkaufen im Supermarkt meine Mutter bat, mir doch bitte anstatt des Erdbeerjoghurts eines mit Ananasgeschmack zu kaufen. Wir wussten beide, dass ich die Kalorienangaben der meisten Lebensmittel in- und auswendig kannte und nicht jedes Joghurt gleich viele Kalorien hatte. Aber ich traute mich nach Gusto selbst zu entscheiden, was ich essen wollte. Klingt das nicht unglaublich lächerlich? Wie viele Kalorien kann ein Joghurt schon mehr als ein anderes haben? Aber für mich bedeutete diese Entscheidung damals so viel. Ich war stärker gewesen als die Magersucht und traute mich selbstständig zu entscheiden, was ich essen wollte. Und auch meine Mutter freute sich sehr darüber.

So hätte es nun eigentlich ruhig auch weitergehen können. Mein Zustand besserte sich allmählich und ich war offensichtlich bald wieder gesund.

Ja, wenn Magersucht nur daraus bestände, zu essen oder aber eben dies nicht zu tun, dann wäre es einfach. Aber so ist es nun einmal nicht.

Schon bald stellte sich zu Hause wieder der Alltag ein. Meine Eltern stritten wie immer um das liebe Geld. Mein Vater schrie, meine Mutter schluckte Tabletten und mir verging erneut der Appetit. Also war alles umsonst gewesen. Meine Krankheit hatte ihr Ziel verfehlt, nämlich die Probleme meiner Eltern dauerhaft auf mich umzulenken. Aber anstatt einzusehen, dass dies gar nicht funktionieren konnte, dachte ich mir: *„Na gut, dann probierst du es halt noch einmal!"*

Der zweite Schikurs stand bevor und mein Gewicht war bei der Abwaage bedrohlich nahe an mein „Wiederaufnahmegewicht" herangerückt. Also stand die Frage im Raum, ob ich denn diesmal auf Schikurs mitfahren sollte. Ich wollte überhaupt nicht, aber natürlich bettelte ich Dr. H. an, dass ich doch so gerne mit meinen Freunden mitfahren wollte. Und sie erlaubte es mir. *„Sind Sie denn wahnsinnig"*, wollte ich sie anschreien, *„ich will ja das überhaupt gar nicht. Ich bin hundemüde, so nehmen Sie mich doch bitte schon endlich wieder auf."*

Aber wie so oft traute ich mich nicht, die Verantwortung für mein eigenes Leben zu übernehmen. Zu groß war meine Angst damals, dass irgendeine von mir getroffene Entscheidung neues Leid in meiner Mutter auslösen könnte. Ich wollte nicht für ihren Kummer verantwortlich sein. Das war ich auch nicht, aber es fühlte sich nun einmal so an. Also fuhr ich wieder auf den Schikurs mit.

Eigentlich war es diesmal ganz okay. Ich war es nun dank meines vorangegangenen Spitalsaufenthaltes gewöhnt, auch einmal ein paar Tage ohne meine Mama klarzukommen und hatte somit auch kein Heimweh. Es nervte mich nur, dass meine Klassenkolleginnen mich beim Essen tatsächlich überwachten und es sofort der Turnlehrerin petzten, wenn ich einmal etwas nicht aufaß. *„Ja habt ihr sie denn noch alle?"*, dachte ich bei mir. *„Zuerst wollt ihr mir beim ersten Schikurs weismachen, wie grauslich das Essen hier doch schmeckt, und wenn ich dann auch mal nicht esse, verratet ihr mich gleich. Na, ihr seid mir vielleicht Freundinnen!"* Dabei hatten Sie natürlich recht. Sie machten sich Sorgen um mich und wollten mir helfen.

Ich wollte aber gar keine Hilfe haben, mir ging es doch nicht so schlecht, empfand ich damals. Ich musste nur meine Mutter retten, aber das konnte ich ja schlecht jemandem erzählen. Hätte ich es nur getan. Aber ich schämte mich für meine kranke Mama und ließ niemanden an mich heran. So interessierte ich mich auch nicht besonders für die Gefühle meiner Mitschülerinnen, ich hatte immerhin selbst genug mit mir zu tun. Ich war bereits sehr krank und merkte es nicht. Ich erschrecke, wenn ich heute auf den Menschen zurückblicke, der ich damals war. Ich war gefühlskalt und gehässig meinen Mitschülern gegenüber. Und ich war nicht bereit zu glauben, dass ich mich auf einem Irrweg befand und dass ich meine Mutter nun einmal nicht retten konnte. Aber ohne den Menschen, der ich damals war, hätte ich mich nicht zu jenem Menschen weiterentwickeln können, der ich heute bin. Und das stimmt mich versöhnlich mit mir.

So endete nun auch der zweite Schulschikurs und wir fuhren wieder nach Hause. Es ergab sich, dass meine Mutter gerade in der Schule war, ich weiß gar nicht mehr, wieso. Wir standen mit ein paar meiner Lehrerinnen am Gang zusammen, als plötzlich eine Turnlehrerin zu uns kam. Sie war ebenfalls mit auf Schikurs gewesen, kannte mich aber nicht. Sie sagte zu meiner Mutter: *„Ich will Sie ja jetzt nicht kränken, aber ich muss Ihnen das einfach sagen. Ich glaube die Alex ist magersüchtig."* Wir mussten alle herzlich lachen.

Meine damaligen Lehrer hatten mitangesehen, wie ich immer dünner geworden war, und mein Klassenvorstand hatte mich auch mit den Wunden an meinen Pulsadern gesehen, als meine Mutter mich nach meinem ersten Suizidversuch in die Schule gebracht hatte. Die Tatsache, dass ich nun also magersüchtig sein sollte, konnte uns nicht mehr erschüttern. Wir entschuldigten uns dann natürlich auch bei der Lehrerin und klärten sie sozusagen über mich auf. Ja, man darf auch einmal über das eigene Schicksal lachen; ich denke, das ist sogar gut. Wenn man so lange krank ist, dann ist nicht immer alles nur traurig und düster, sondern es gibt auch viele schöne Momente. Wir hatten uns mit meiner Krankheit arrangiert, es war nun einmal jetzt so.

Ich erinnere mich auch daran, dass mich später einmal eine meiner damaligen Freundinnen im AKH besuchte. Wir gingen gemeinsam mit meinen Eltern auf die Mariahilfer Straße zum Shoppen. Als wir unseren Einkauf bezahlen wollten, quoll das Farbband aus der Kassa heraus und die Verkäuferin meinte nur: *„Entschuldigung, die Kassa hat gerade Bulimie."* *„Das macht nichts"*, meinte ich, *„die habe ich auch."* Nein, ich habe eigentlich nie einen Hehl aus meiner Krankheit gemacht. Ich war immer bereit, offen darüber zu sprechen. Ich weiß aber, dass nicht jeder psychisch kranke Mensch so denkt. Ab und an erzählten mir Leute, dass auch sie an dieser oder jener psychischen Krankheit leiden oder litten, baten mich, dies aber nicht weiterzuerzählen. Leider herrschen hier immer noch ein großes Tabu und falsche Scham vor. Das finde ich sehr schade, denn ich denke nicht, dass man sich für eine Krankheit schämen muss.

Schon bald nach Schikursende war es dann wieder Zeit, zur Abwaage zu fahren. Ich hatte natürlich durch den Sport abgenommen und wurde wieder stationär aufgenommen. *„Na endlich!"* Leider aber nur als „halbtags auf". Ich hatte mich schon so auf „ganztags im Bett gefreut". Wie gesagt, ich hätte mich zu gerne auch einmal ausgerastet, aber ich wollte nach wie vor wie ein perfektes Uhrwerk funktionieren. Und mich einmal gemütlich mit einem Buch ins Bett zu legen, wo ich doch basteln und Gott weiß was tun konnte, das passte nicht in meine Vorstellung davon. Man nennt das auch „Bewegungsdrang". Ich war nicht bereit, zur Ruhe zu kommen. Man sollte mir nie wieder nachsagen können, ich sei faul. ICH WAR NICHT FAUL!

Da war ich nun also wieder. Mein zweiter stationärer Aufenthalt. Leider änderte sich auch diesmal nicht viel an meiner Situation. Es war zwar ganz nett, wieder hier zu sein, aber zu Hause blieb erneut alles beim Alten. Das war wirklich frustrierend.

Erneut wurde ich nach Hause entlassen, nahm prompt wieder ab und landete ein weiteres Mal auf der Station. Mittlerweile war ich nicht mehr die liebe, lustige, perfekte Patientin, als die ich mich noch im ersten Turnus gesehen hatte. Mir war bewusst, dass ich krank war und auch, was mich krankmachte. Dass ich es nämlich nicht schaffte, meine Mutter von ihrer Tablettensucht zu heilen. Aber ich wollte das einfach nicht wahrhaben.

Sogar Dr. B. bot meiner Mutter die Möglichkeit an, sich auf der Erwachsenenstation aufnehmen zu lassen. Man wäre gerne bereit, ihr beim Entzug zu helfen. Aber meine Mutter lehnte dieses Angebot ab.

Vor der dritten Aufnahme war es mir zu Hause psychisch so schlecht gegangen, dass ich absolut nicht mehr bereit gewesen war, auch nur irgendetwas zu mir zu nehmen. So aß ich drei Tage lang gar nichts. Das wäre doch gelacht, wenn ich es nun nicht „ganztags" ins Bett schaffen würde. Ich sehe noch heute den Milchreis im Kühlschrank stehen, den ich so gerne gegessen hätte. Ich hatte auch einen ziemlichen Nervenzusammenbruch und so entschied sich unser damaliger Hausarzt, mir kurzerhand für die drei Tage bis zu meiner Wiederaufnahme einfach so viel Valium zu geben, dass ich den ganzen Tag nur im Wohnzimmer auf der Couch lag und schlief.

Und langsam, aber sicher begann es dann auch auf der Station aus mir herauszubrechen. Ich musste nicht einfach nur wieder essen, um gesund zu werden, ich hatte eine ganze Menge Dinge aufzuarbeiten. Einmal hatte ich in der Nacht einen schrecklichen Albtraum. Ich sprang aus dem Bett und ging ins Schwesternzimmer.

Zunächst bot mir die Nachtschwester an, ihr beim Eintragen der Fieberkurven behilflich zu sein und als ich mich ein bisschen beruhigt hatte, fragte sie mich, was denn der Grund wäre, warum ich nicht schlafen konnte. Ich erzählte ihr, dass ich von einer der Fehlgeburten meiner Mutter geträumt hätte. Ich konnte den kleinen, leblosen Embryo vor mir sehen und mir graute vor diesem Anblick.

Nachdem ich ihr von meinem Traum erzählt hatte, begann ich darüber nachzudenken, wieso mich diese Fehlgeburten meiner Mutter so sehr belasteten.

Immer wieder hatte ich meine Mutter gebeten, mir zu erklären, wie es zu ihrer Tablettensucht gekommen sei, ich hatte sie förmlich dazu genötigt. Und gelegentlich erzählte sie mir dann Dinge, die ich einfach nicht verarbeiten konnte.

Einmal gestand sie mir unter Tränen, dass sie kurz, nachdem sie meinen Vater kennengelernt hatte, schwanger werden wollte, um möglichst schnell ihr ungeliebtes Elternhaus verlassen zu können und dass sie sich dafür schämte. Und dann erlitt diese arme Frau auch noch eine Fehlgeburt. Natürlich, sie war ja „böse" gewesen und hatte sich nur aus Eigennutz ein Kind gewünscht. Also wurde sie von Gott dafür bestraft. So empfand sie das damals, erzählte sie mir. Und als ihr nach sechs Monaten Schwangerschaft mit mir dann bewusst wurde, dass ich nun lebensfähig sein würde, da schwor sie dem lieben Gott, dass sie bereit wäre, alles zu tun, nur damit ich leben würde.

Damit konnte ich als die Jugendliche, die ich zu diesem Zeitpunkt war, beim besten Willen nicht umgehen. Was hatte sich meine Mutter nur angetan? Was für fürchterliche Gedanken quälten diese arme Frau? Es war schrecklich. Immer mehr verstand ich, dass ich wirklich nicht in der Lage war, ihr zu helfen. Aber das hielt mich leider dennoch nicht davon ab, es weiterhin zu versuchen.

Auch bei meiner Psychotherapeutin begann ich beinahe jeden Satz mit: „Meine Mutter ..." Ständig beschäftigte ich mich mit ihrem Leben. Erst wenn sie glücklich wäre, wollte ich es auch sein. Ich fühlte mich stets sehr gut aufgehoben bei meiner Psychotherapeutin, vielleicht konnte sie auch meiner Mutter helfen? Zunächst waren beide nicht sonderlich von meinem Vorschlag begeistert. Meine Mutter sah eigentlich keinen Grund, überhaupt eine Psychotherapie zu machen, und meine Therapeutin meinte auch, dass es vielleicht nicht klug wäre, wenn sie uns beide betreute. Aber ich ließ mich nicht von meinem Vorhaben abbringen. Und so willigte meine Mutter schließlich ein und ging nun auch zu meiner Therapeutin, denn die kannte sie wenigstens schon ein bisschen und sie wollte nicht wieder ihre ganze Geschichte jemand Unbekanntem erzählen.

Mein Vater hatte ebenfalls eine geeignete Therapeutin für sich gefunden, die ihm sichtlich guttat. Aber leider stand es nun wieder einmal wie so oft zwei gegen einen, meine Mutter und ich hatten jetzt *unsere* Therapeutin und schlossen ihn erneut aus. Das kränkte ihn.

Ich war in der Zwischenzeit drauf und dran, meine Eltern zu separieren; es hatte doch im Spital geheißen, wir waren alle viel zu sehr miteinander verwoben und mussten uns dringend voneinander lösen. Dass sich aber meine Eltern zu einer Einheit zusammenfügen sollten und ich die Rolle des Kindes einzunehmen hatte, das begriff ich immer noch nicht. Also versuchte ich, meine Eltern zu trennen. Vielleicht war es so am besten. Vielleicht sollten sie sich einfach scheiden lassen.

Ich war auf einer Mission. Diese hatte zum Ziel, dass sich meine Eltern trennen sollten. Sie hörten ja doch nicht auf zu streiten und weder meiner Mutter noch meinem Vater ging es dabei gut. Möglicherweise wären sie ohne einander besser dran.

Ich versuchte immer noch verzweifelt, eine Lösung zu finden, damit es uns allen wieder besser ging, es war verheerend. Meine Mutter wollte sich überhaupt nicht scheiden lassen, aber ich zwang sie dennoch, sich bei Gericht diesbezüglich beraten zu lassen. Und dann hatte ich sie endlich so weit, dass sie bereit war, auszuziehen. Ihre Tante hatte ihr die Möglichkeit angeboten, dass wir vorläufig bei ihr einziehen konnten, was wir dann auch taten. Ich glaube, mein Vater muss damals aus allen Wolken gefallen sein, er verstand überhaupt nicht, was auf einmal los war. Und meine Mutter verstand es eigentlich auch nicht. Aber ich fühlte mich siegessicher. Ich würde schon eine Lösung für alles finden!

Als wir nun bei meiner Großtante einzogen, hatte ich bereits Bulimie. So lebten wir nun ein paar Wochen in ihrem Haus und ich dachte, dass ich alles im Griff hätte. Es stimmte auch, meine Mutter wirkte zunächst tatsächlich gelöster. Nun, da mein Vater nicht mehr sehen konnte, wie viele Tabletten sie einnahm und wie viele Zigaretten sie rauchte oder wie viel Geld sie ausgab, war er auch nicht zur Stelle, um ihr deswegen Vorwürfe zu machen und sie entspannte sich zusehends.

Ich erinnere mich noch heute daran, wie furchtbar es manchmal war, wenn mein Vater von der Arbeit nach Hause kam. Oft musste ihm meine Mutter beichten, dass sie wieder kein Geld mehr übrig hatte, und je nachdem wie er gelaunt war, verzieh er ihr dann oder begann, sie anzuschreien. Wenn sich der Schlüssel in der Eingangstür zu drehen begann, spannte sich mein ganzer Körper vor Angst an. Was würde gleich geschehen? Würde er wieder schimpfen? Diese Angst begleitete mich noch lange nach meinem Auszug von zu Hause durch mein Leben.

Wenn mein Ehemann später nach Hause kam und ich bereits im Bett lag, bekam ich Herzrasen, sobald ich das metallische Klicken der Tür hörte, wenn er aufsperrte. Gelegentlich erwachte ich auch aus einem Traum, indem ich in der Nacht laut aufschrie. Ich wusste dann gar nicht, was ich geträumt hatte, aber es war mir sehr peinlich. Heute habe ich diese Träume nicht mehr und ich ertrage auch das Geräusch, wenn sich unsere Eingangstür öffnet. ICH HABE KEINE ANGST MEHR!

Mein Vater litt sehr unter unserem Auszug, er wollte seine Familie wieder zurückhaben. Diese Variante gefiel mir natürlich auch sehr gut, also keine Scheidung, sondern eine Versöhnung, das war doch eine noch raffiniertere Version davon, was ich mir für meine Eltern ausgedacht hatte.

Ich war immer noch nicht bereit dafür, meine Eltern loszulassen und setzte alles daran, die heile Welt aus meinen Kindertagen zu reparieren. Aber nun spielten meine Eltern auch endlich mit, sie waren wie meine Marionetten in einem Theaterstück. Und dieses sollte schon alsbald seinen traurigen Höhepunkt erreichen ...

GRÜNAU

Wir schlagen nun das schlimmste Kapitel meines bisherigen Lebens auf. Und es begann an einem der glücklichsten Orte meiner Kindheit, in Grünau im Almtal im Salzkammergut.

Dort waren wir schon ganz oft auf Urlaub gewesen, immer im gleichen Hotel, weil es uns hier einfach so gut gefiel. Meine Eltern waren immer viel entspannter als zu Hause; weg vom Alltag stritten sie in Grünau fast nie und wenn, dann nicht so schlimm. Wir mussten zwar mit meiner Mutter immer mindestens einmal den dortigen Arzt aufsuchen, damit er ihr ihre Medikamente verschrieb, aber das war schon okay so. Mein Vater und ich hatten uns nun einmal damit abgefunden, dass meine Mutter krank war und ließen sie gewähren.

So unternahmen wir beide den ganzen Tag etwas gemeinsam. Wir fuhren mit dem Ruderboot, gingen schwimmen und erkundeten die Umgebung. Und meine Mutter lag in der Sonne und las. Wir genossen die Zeit dort sehr. Endlich tat jeder von uns das, was er gerne machte. Unsere Rollen stimmten wieder. Ich war das Kind und meine Eltern waren einfach meine Eltern.

So beschloss mein Vater also, uns erneut nach Grünau einzuladen. Er wollte, dass wir wieder nach Hause kommen. Und wir wollten das auch. Wir wollten alle drei, dass es wieder besser werden würde. Und so fuhren meine Mutter und ich mit meinem Vater in unser altes Hotel.

Nur leider blieb das erhoffte Wohlbehagen diesmal aus. Zumindest bei mir. Es wollte mir nicht und nicht gelingen, mich wieder so unbeschwert und frei zu fühlen wie damals, als ich noch ein Kind gewesen war.

Eines Tages war ich so zornig, ich weiß nicht einmal mehr warum, dass ich meiner Mutter einen Tiegel mit einer Haarkur nachwarf. Ich traf sie an der Nase und sie hatte einen blutenden Kratzer. Das hatte ich nicht gewollt. Aber in mir spürte ich nur noch Wut.

Da bat ich meine Mutter, hinunter in das Hotelrestaurant zu gehen und uns zwei Eiskaffees heraufzubringen. Sie sah mich zunächst etwas verwundert an, weil ich auf einmal plötzlich freiwillig verlangte, etwas Derartiges zu essen, freute sich dann aber, dass es mir besser zu gehen schien und ging.

Als sie fort war, rannte ich in Windeseile ins Badezimmer und griff mir ihre Kosmetiktasche mit den Tabletten darin. Ich suchte mir ein Schmerzmittel und ein Antidepressivum aus. Ich dachte, das wären wohl die wirkungsvollsten und schluckte eine nach der anderen. Dann legte ich mich zurück ins Bett. Ich wartete auf meine Mutter und als ich so dalag, bekam ich eine Heidenangst. Was, wenn die Tabletten mich nicht töten würden? Was, wenn sie mir den Magen verätzten, ich Schmerzen bekäme und mich Erbrechen müsste? Was hatte ich getan? Ich hatte plötzlich eine Riesenangst vor dem Sterben und beichtete meiner Mutter nach ihrer Rückkehr, was vorgefallen war.

Das Nächste, woran ich mich erinnere, ist ein Notarzt, der neben meinem Bett kniete und mich fragte, welche Tabletten und wie viele davon ich denn geschluckt hätte. Ich war so müde. Mit Mühe versuchte ich ihm zu erklären, wie viele der „Briefchen" ich genommen hatte. Ich konnte mich beim besten Willen nicht entsinnen, wie denn diese silbernen Dinger hießen, aus denen man die Tabletten herausdrücken musste.

Er fragte meine Mutter, ob ich vielleicht Drogen genommen hätte, weil ich immer wieder diesen Ausdruck benutzte, „Briefchen". *„So hören Sie doch, was ich sage"*, dachte ich, *„wieso verstehen Sie denn nicht, was ich meine?"* Aber ich konnte nicht mehr sprechen. Es fühlte sich an, als ob ich in Narkose versetzt werden würde. Ich verlor das Bewusstsein und die Welt um mich herum wurde schwarz und ganz still.

Als ich wieder zu mir kam, spürte ich ein entsetzliches Brennen und Kratzen in meinem Hals. Meine Kehle fühlte sich trocken an. Dann bemerkte ich, dass ich zwei Sonden in der Nase hatte. Einen ziemlich dicken Schlauch und einen dünneren. Und ich musste ganz dringend aufs Klo. Als die Nachtschwester auf der Intensivstation bemerkte, dass ich aufgewacht war, kam sie zu mir. Ich sagte ihr, dass ich doch bitte zur Toilette gehen wollte. Sie meinte, dass wäre in meinem Zustand jetzt nicht möglich und schob eine Leibschüssel unter mich. Nach einiger Zeit merkte sie aber, dass ich es einfach nicht schaffte, liegend in diese Schüssel zu pinkeln und ich durfte mich auf ein Rollstuhlklo setzen.

Meine Mutter erzählte mir, ich hätte beim Aufwachen nach ihr gerufen. Die Schwester verständigte, nachdem ich zu mir gekommen war, auch sogleich meine Eltern. Ich weiß noch, dass meine Mutter an meinem Bett saß. Mittlerweile musste bereits der nächste Tag sein, denn sie stellten mir ein Tablett mit Mittagessen hin, es gab Marillenknödel. Ich lächelte. Das war einfach zu komisch. Da lag ich nun nach dieser dramatischen Nacht und sollte einfach Marillenknödel essen. Sie lagen da, als ob nichts gewesen wäre. Es war eigenartig. Die Welt drehte sich trotz der Tragödie in meinem Leben einfach weiter.

Ich führte dann ein Entlassungsgespräch mit einem Arzt, der nicht wusste, was er mit mir anfangen sollte. Er legte mir meine Worte in den Mund. *„Sie haben sich eh nicht wirklich umbringen wollen, gell? Sie haben nur aus Versehen so viele Medikamente geschluckt, oder? Na dann können wir Sie gehen lassen."* „Ja, ja", meinte ich, ich wollte dort nicht bleiben und der Arzt wollte uns auch nicht den Weg verbauen, ins AKH zurückzukehren. Dort würde man bestimmt wissen, was zu tun wäre.

Meine Eltern wollten mich auch gleich hinbringen. Aber das ging nicht. Es sei kein Platz frei, außerdem wäre das AKH auch gar nicht zuständig für mich, ich war schließlich eine Burgenländerin und keine Wienerin. Das zuständige Krankenhaus wurde uns mitgeteilt und dort fuhren wir dann auch hin – nach Mauer Öhling. Ich wusste nicht wirklich viel über dieses Klinikum, aber der Name war mir ein Begriff. Und ein Ausdruck ging mir immer und immer wieder durch den Kopf – GESCHLOSSENE PSYCHIATRIE. *„Jetzt führen sie mich auf ‚die Geschlossene'"*, dachte ich. Was dieser Ausdruck bedeutete, war mir nicht ganz klar, aber er ängstigte mich. Was würde mich dort erwarten?

Das AKH hatte ich vorurteilsfrei betreten, aber dorthin kam ich mit den schlimmsten Horrorvorstellungen im Kopf. Ich stellte mir sehr schwerkranke Leute vor, ich sah sie in weißen Nachthemden vor mir, jammernd und wimmernd. Ich glaube, ich erinnerte mich damals an die Bilder von dem Pflegeheim, in dem meine Großmutter väterlicherseits nach einem Schlaganfall untergebracht worden war. Damals war ich zehn Jahre alt gewesen und die alten, demenzkranken Leute dort hatten mir große Angst gemacht.

Meine Eltern ließen sich aber nicht von ihrem Vorhaben abbringen, mich dorthin zu bringen, und so fuhren wir los. Ich war noch ganz schwindlig und konnte, dort angekommen, kaum sprechen. Aber ich wusste, hier bleibe ich keine Sekunde. Ein Arzt sagte meinen Eltern, dass natürlich auch Türen zugesperrt werden würden, wenn es darum ging, Patienten zu schützen. Mir wurde heiß und kalt und mein Herz raste. Irgendwie gelang es mir dann doch, meine Eltern davon zu überzeugen, mich nicht hierzulassen. Der Arzt riet ihnen zwar dringend davon ab; ich solle doch bleiben, insistierte er. Aber ich hatte es geschafft – die Flucht war mir noch einmal gelungen.

Ich möchte noch anmerken, dass es dort in keinster Weise schrecklich war oder tatsächlich meinen vorhin erwähnten Vorstellungen enstprach, es war einfach nicht die vertraute Umgebung des AKH und ich wollte meine Geschichte nicht schon wieder anderen Ärzten von Neuem erzählen. Ich glaube, meine Eltern beratschlagten sich dann kurz mit dem AKH, welches uns dann das Klinikum am Rosenhügel empfahl. Dort war man auch bereit, mich aufzunehmen aber erneut war ich nicht bereit, zu bleiben. Ich wollte ins AKH! Punkt.

Also fuhren wir unverrichteter Dinge nach Hause. Als meine Mutter und ich wieder im Haus meiner Großtante angekommen waren, stellte meine Mutter zunächst einmal ihr Heiligtum, das Kosmetiktäschchen mit ihren Medikamenten, ins Badezimmer. Dieser Anblick machte mich so wütend, ich ertrug es einfach nicht, nichts gegen ihre Krankheit ausrichten zu können und so griff ich erneut zu den Tabletten. Ich wollte sterben. Nun war ich endgültig davon überzeugt, ich wollte endlich sterben! Voller Verachtung begann ich, wahllos

Tabletten zu schlucken, aber meine Mutter erwischte mich dabei. Ich leugnete zwar, dass ich etwas genommen hätte, aber sie glaubte mir kein Wort. Und so wurde die Hausärztin meiner Großtante gerufen. Ich saß vor ihr wie ein bockiges Kind und ließ mich ausschimpfen. Wie ich denn nur so dumm sein konnte und dass sie mich jetzt wohl oder übel ins Krankenhaus bringen müssten, um mich zu entgiften.

„Bla, bla, bla", dachte ich mir, *„lasst mich doch einfach in Ruhe!"* Ich wurde dann nach Eisenstadt auf die Kinderstation gebracht; damals gab es dort noch keine psychiatrische Station. Wenigstens konnte ich die Aktivkohle, das Entgiftungsmittel, diesmal trinken und bekam nicht wieder eine Sonde. Und somit wartete ich dann in Eisenstadt, bis wieder ein Platz im AKH für mich frei wurde.

amals hatte ich bereits Bulimie. Ich weiß eigentlich nicht mehr genau, zu welchem Zeitpunkt die Magersucht endete und die Bulimie begann. Aber es war ein fließender Übergang. Es war der nächste Schritt in meinem Prozess des Erwachsenwerdens – an Bulimie erkranken zumeist Mädchen, die schon älter sind als Magersüchtige.

Irgendwann hatte ich es einfach satt zu hungern. Es war mir mühsam geworden. Ich weiß, dass ich damals in einem Mädchenmagazin einen Artikel über Bulimie gelesen hatte und darin einen bequemen Ausweg aus meiner Misere sah. Ich hatte also die Möglichkeit, mich satt zu essen, aber ich musste mich nachher nicht gleich mit Selbstmord bestrafen. Ich brauchte nur zu erbrechen. Nur erbrechen… Ich war schon naiv! Haben Sie schon einmal versucht, einfach so zu erbrechen, ohne dass Ihnen zuvor schlecht war? Mir fiel das überhaupt nicht leicht, nein, es wollte mir so gar nicht gelingen. Mein Fingernagel kratzte in meinem Hals und es geschah … nichts. Glücklicherweise liefern aber solche Artikel über Essstörungen auch immer praktische Lösungen. Es ist beinahe so, dass das geschriebene Wort über Essstörungen als eine Art Handbuch für künftige Generationen von neuen Essgestörten dient. Es ist traurig, aber wahr.

Wie auch immer, das Mädchen aus dem Artikel trank literweise Salzwasser, um das Erbrechen herbeizuführen. Das musste ich gleich einmal ausprobieren. Abgesehen davon, dass es unfassbar ekelig schmeckte, gelang es mir nun zwar, ein paar Schlückchen Salzwasser zu erbrechen, aber richtig überzeugte mich diese Methode dann doch nicht. Aber ich lernte schnell. Was für mich am besten funktionierte, war, so viel zu essen, bis mein Bauch schmerzte, dazu reichlich Wasser zu trinken und mir dann zwei Finger in den Hals zu stecken.

Nach dem Erbrechen brannten mein Hals und mein Rachen höllisch, alles stank sauer und unappetitlich. Meine Finger waren rot und rissig. Meine Ohrspeicheldrüse war ständig geschwollen und schmerzhaft, ein geschultes Auge konnte meine „Hamsterbäckchen" wahrnehmen. Mein Zahnschmelz wurde weniger und meine Zähne waren sehr empfindlich geworden. Einmal erbrach ich Blut. Da überkam mich eine riesige Angst. Ich hatte einmal von sogenannten Ösophagusvarizen gelesen, Krampfadern nämlich in der Speiseröhre. Wenn sie platzten, konnte man sehr schnell daran verbluten. Ich stellte mir das als eine äußerst qualvolle Todesart vor, das wollte ich nun wirklich nicht.

Und noch eines. Wenn ich zu Hause einen „Fressanfall" hatte, dann fraß ich nicht wahllos einfach darauf los, ich stopfte mir nicht einfach irgendwelche Lebensmittel in den Mund oder verschlang diese gierig. Nein, ich zelebrierte ein wahrhaft königliches Festmahl. Zunächst einmal kaufte ich mir alle Süßigkeiten, die mein Herz begehrte. Diese versteckte ich dann liebevoll unter meinem Bett, mein Vater sollte nämlich nicht wissen, dass ich immer noch an Bulimie litt.

Nach der Schule ging ich in mein Zimmer und nahm mir, worauf ich gerade Lust hatte aus meinem Versteck heraus. Dann setzte ich mich gemütlich auf mein Bett, las ein Buch oder eine Zeitschrift und aß mit Genuss meine Schokolade. Da ich aber weder bereit war, mir diese Zeit der Erholung noch die Kalorien zu gönnen, ging ich anschließend aufs Klo und erbrach. Dann ging ich ins Badezimmer, wusch mir die Hände und putzte meine Zähne.

Es war herrlich. Es war einfach so, als ob nie etwas gewesen wäre. Ich konnte meine Schwäche schlicht ignorieren. Die Bulimie entspannte mich. Ich musste nicht mehr perfekt sein, ich konnte mich einfach gehen lassen, aber niemand sah es. Bulimie ist nämlich eine viel intimere Angelegenheit als Magersucht. Man sieht sie einem nicht an. Wollte ich in der Zeit meiner Magersucht noch jeden Menschen mit meinem Anblick bestrafen, weil niemand kam, um mich von meinem Kummer und meinem Leid zu erlösen, errichtete ich mir in der Bulimie zum ersten Mal so etwas wie eine Privatsphäre. Und diese hatte ich auch dringend nötig. Ich konnte zu Hause zum Beispiel mein Zimmer nicht versperren und auch, wenn ich in der Badewanne lag, konnte es gut sein, dass meine Eltern ins Bad kamen, um sich die Zähne zu putzen oder ähnliches.

Sie dachten sich nichts dabei, aber mich störte das mittlerweile. Ich hatte nie meine Ruhe. Ich weiß noch, dass wir in der Zeit meiner Bulimie eine faltbare Wand kauften, die man auf der Badewanne montieren konnte, eine Art Paravent also, der es mir ermöglichte, mich ungestörter zu fühlen. Wie gesagt, ich war dabei, mir eine Privatsphäre zu erschaffen.

Ich suchte mir im Supermarkt nach Herzenslust Schokolade für meine Fressanfälle aus. Nur dafür aufkommen musste natürlich meine Mutter. Da ich täglich gut und gerne den Wochenvorrat an Süßigkeiten einer vierköpfigen Familie vertilgte, ging meine Bulimie auch ziemlich ins Geld. Und ja, nun ließ ich meine Mutter bezahlen, nämlich damit, dass sie mein Vater natürlich schimpfte, weil er nicht verstehen konnte, wofür sie dermaßen viel Geld ausgab.

Und dieses Mal war ich der Meinung, sie hätte das auch verdient. Sie sollte ebenso leiden wie ich damals, als ich mir als Kind ständig mitanhören musste, wie sie unter seinen Beschimpfungen gelitten hatte, wenn sie sein ganzes Geld für ihre Tablettensucht ausgegeben hatte. Jetzt war ich dran. Nun wollte ich einmal mein Leben genießen. Ja, ich hatte nun keine Angst mehr um meine liebe Mutter, sie begann mich zu nerven, da sie nicht bereit war, damit aufzuhören, mich wie ein kleines Kind zu behandeln.

Und dass ich meiner Mutter derart negative Gefühle entgegenbrachte, dafür schämte ich mich. Ich schämte mich dafür ebenso sehr, wie ich mich für mein Erbrechen schämte. Erneut spiegelte ich meinen Gefühlszustand körperlich wider.

Essstörungen werden ja als „psychosomatische" Krankheiten bezeichnet. Das bedeutet, dass die Krankheit des Geistes in einer körperlichen Form zum Ausdruck gebracht wird.

Ich muss sagen, ich fühlte mich als Bulimikerin eigentlich sehr wohl. Ich hatte es endlich wieder geschafft, meine häusliche Situation, die mich so sehr belastete, zu unterdrücken und zu verschleiern. Ich hatte mich wieder so weit im Griff, dass ich ein erstaunlich normales Leben führen konnte.

Als ich nun also auf der Kinderstation in Eisenstadt auf meine Neuaufnahme ins AKH wartete, nahm ich mir beim Mittagessen reichlich und ging anschließend aufs Klo, um zu erbrechen.

Es war mir total egal, was sich die Krankenschwestern von mir dachten. Sie waren mit dieser Krankheit nicht vertraut, sie waren entsetzt, dass ich mich so verhielt und sagten meiner Mutter, wie leid es ihnen täte, dass ich so krank sei. Sie ließen mich in meinem Verhalten in Ruhe und so vergingen die Tage bis zu meiner Wiederaufnahme.

Einmal zeigte mir eine Krankenschwester die benachbarte Frühchen-Station. Das war sehr ergreifend. Ich sah ein winzig kleines Mädchen, es war zu früh zur Welt gekommen und erkämpfte sich seinen Weg ins Leben. Und ich, ich schmiss meines weg. Da schämte ich mich sehr.

Dann kam der Tag, an dem ich endlich wieder ins AKH zurückdurfte, nach Hause. Aber es war nicht mehr länger mein Zuhause, es war kein Ort mehr, an dem ich mich wohlfühlte. Es war zum Aus-der-Haut-Fahren, gab es denn keinen Platz mehr auf dieser Welt, an dem ich glücklich sein konnte? Ich ließ meinen Gefühlen nun freien Lauf, ich schrie, dass ich nach Hause wollte, nicht hier sein wollte, mich vor die U-Bahn werfen würde und so weiter.

Eines Tages fühlte ich mich derart unwohl auf der Station, dass ich nur noch nach Hause zu meiner Mama wollte. Also ging ich. Einfach so. Ich dachte nicht lange darüber nach, ich öffnete die Stationstür, ging die Stufen hinunter, verließ die Kinderpsychiatrie und machte mich auf den Weg zur U-Bahn.

Ich hatte weder Geld bei mir noch hatte ich Schuhe an. Nun, man kommt zwar ohne Geld und nur mit Schlapfen von der U-Bahn bis zum Bus, aber der Fahrer würde mich sicher nicht gratis nach Eisenstadt mitnehmen. Also schnorrte ich eine Frau, die ebenfalls mit der U-Bahn fuhr, um ein wenig Kleingeld an. Ich erklärte ihr, dass ich gerade entlassen worden und am Heimweg wäre, doch leider kein Geld für eine Jause hätte. Sie beäugte mich skeptisch, aber ein anderer Mitfahrer gab mir etwas Kleingeld und das reichte für die Busfahrt nach Hause.

Meine Mutter und meine Großtante waren gerade im Garten, als ich durch das Eingangstor hereinkam. Meine Mutter sagte nur: *„Was tust du denn hier, mein Kind?"*, und ich entgegnete ihr: *„Ich wollte ja nur nach Hause."* Ich war so traurig in diesem Moment. Nirgends ging es mir besser, wohin ich auch kam, „zu Hause" gab es nicht mehr. Ich wollte nicht mehr krank sein, es sollte endlich aufhören.

Meine Mutter verständigte natürlich umgehend die Station und ich wurde mit der Rettung wieder zurück ins AKH geführt. Da saß ich nun im Rettungsauto und hatte einen riesigen Blumenstrauß in der Hand. Meine Großtante hatte mir einige

Zweige von einem weißen, blühenden Strauch aus ihrem Garten abgeschnitten und zum Trost mitgegeben. Ich ließ alles wehrlos über mich ergehen.

Zurück auf der Station aber reifte in mir alsbald erneut der Wunsch, einfach wegzugehen, nach Hause. Nur diesmal wollte ich besser vorbereitet sein. Dazu benötigte ich nun also Geld und Schuhe. Unsere Straßenschuhe standen ganz vorne in der Spüle, schließlich brauchten wir welche, wenn wir einen Ausflug machten und diesmal behielt ich auch ein wenig Kleingeld bei mir. Und es kam der Tag, an dem ich erneut fortging. Wieder war es erstaunlich leicht. Aber ganz ehrlich, wieso denn auch nicht? Ich war weder an mein Bett gefesselt noch stand ich unter 24-stündiger Beobachtung. Ich verließ die Station aus freien Stücken und es war niemand da, um mich aufzuhalten. Da mir erzählt worden war, dass beim letzten Mal umgehend der Sicherheitsdienst alarmiert worden war, um nach mir zu suchen, hatte ich nur einen Gedanken: *„Geh schneller, aber nicht so schnell, dass du auffällst."* Das tat ich dann auch. Und erneut gelang es mir, bis nach Hause zu meiner Großtante zu fahren.

Später erfuhr ich dann, dass meine Bezugsschwester, als sie mein Verschwinden bemerkt hatte, sofort zur U-Bahn gerannt war, da ich immer wieder gedroht hatte, mich vor eben diese zu werfen. Sie hatte große Angst um mich gehabt. Aber damals dachte ich nur an mich. Ich wollte einfach, dass es mir wieder besser geht, egal wie.

Ich hatte eine Entwicklung durchgemacht, ich war in der Pubertät angekommen. Das war ein ganz wichtiger Prozess, ich löste mich von der Symbiose mit meinen Eltern und auch aus der romantisch verklärten, kindlichen Vorstellung, dass das eigene Lebensglück von einem bestimmten Ort abhängen würde. Ich wurde erwachsen, was gut und richtig war, aber es brachte mir zunächst einmal einen Haufen Ärger ein. So konnte es nicht weitergehen. Das sah auch meine Mutter ein und so folgten meinem Verhalten nun auch Konsequenzen:

Dass ich so offen mit dem „Vor-die-U-Bahn-Werfen" gedroht hatte und immer wieder abgehauen war, kam nicht gut an und brachte mir eine gerichtliche Anhaltung ein. Ich gefährdete mich nun offiziell selbst. So fand ich mich eines Tages im Büro von Dr. A. wieder. Da war aber noch ein Mann; er stellte sich als Patientenanwalt vor und mir wurde mitgeteilt, dass es mir von nun an untersagt sei, die Station auf eigenen Wunsch zu verlassen. Ich war jetzt zwangsweise hier. Das saß. Ich glaube, ich musste auch irgendetwas unterschreiben und das imponierte mir dann doch. Sie hatten mir eine Grenze gesetzt und diese war wirksam. Ich war bereit, alles Weitere über mich ergehen zu lassen. Ich hatte nun die Erziehungsmaßnahme erhalten, die ich mir in meiner Kindheit immer gewünscht hatte. Sie war überdeutlich. Sogar meine Mutter hatte nun endlich eingesehen, dass sie mir helfen musste, indem sie eingewilligt hatte, mich gegen meinen Willen auf der Station festhalten zu lassen. Nun war auch sie bereit, sich ein Stück von mir zu lösen.

Auf meiner Station war die Eingangstüre jetzt bis auf weiteres verschlossen, auch die Küchentüre war versperrt. Bei meinen früheren Aufenthalten hatte ich hier noch ganz schöne Stunden in der gemeinsamen Kochgruppe mit den anderen Essgestörten verbracht, ich war sogar so mutig gewesen, ein paar Rezeptvorschläge einzubringen. Aber in der letzten Zeit

67

hatte ich nur mehr versucht, Essen aus dem Kühlschrank zu stehlen und für meine Fressanfälle zu nutzen. Mich überfiel die gleiche Gier, die ich in den Augen meiner Mutter gesehen hatte, wenn sie ihre Medikamente einschachtelte, ich war nun ebenfalls suchtkrank.

Ich rebellierte gegen meine Grenzen, ich stahl, ich fraß und ich kotzte. Und so verrückt das auch klingen mag, ohne diese Rebellion, dieses Aufbegehren gegen die immer perfekte Magersucht, wäre ich dieser niemals entkommen, hätte mich nicht weiterentwickeln und letztlich gesundwerden können.

Ich hatte nun also Bulimie, aber es war mir eigentlich egal. Damit kam ich weit besser zurecht als mit der Magersucht.

Meine Mutter hatte mich sogar soweit unterstützt, dass sie mir von zu Hause Essen ins AKH mitgebracht hatte, welches ich dann heimlich im Garten verschlang und auf einer öffentlichen Toilette des Krankenhauses wieder erbrach. Mein Verlangen nach Essen war einmal sogar derartig groß, dass ich einer Mitpatientin eine Tafel Schokolade stahl. Der Diebstahl wurde natürlich bemerkt und ich wurde zur Rechenschaft gezogen. Es tat mir eigentlich nicht einmal leid, ich ärgerte mich nur, dass sie mir draufgekommen waren, so egoistisch war ich damals. Ich hatte nur noch Augen für meine eigene Krankheit. Aber so machte ich den nächsten Schritt in die richtige Richtung, mit einem Mal wollte ich es nicht mehr allen recht machen.

Nun war ich also erneut im AKH, gerichtlich angehalten, und an Bulimie erkrankt.

Dr. A. bot mir damals an, noch einmal an einem Therapieturnus teilzunehmen. Das wäre zwar nicht üblich, aber dieser hätte mir damals sehr gut getan. Also wurde ich noch einmal zur Turnuspatientin. Dies wurde aber bereits nach wenigen Tagen wieder abgebrochen. Ich fühlte mich so gar nicht wohl mit meinen Mitteilnehmern, das waren nicht mehr meine Mädels vom Turnus, das alles gefiel mir nicht mehr. Und so bockte ich nur und tat nicht mit. Ich war einfach mit allem unzufrieden.

Jeden Tag fragten mich die Krankenschwestern: *„Hast du heute erbrochen?"* Und jedes Mal sagte ich: *„Nein!"*

Ich bat jeden Abend darum, baden gehen zu dürfen. Ich muss sagen, dass genoss ich auch sehr. Das Stationsbad mit der Badewanne war ein großer Raum, den ich absperren konnte. Ich ließ mir dann ein Ölbad ein. Während das warme Wasser in die Wanne rauschte, erbrach ich mich auf der Toilette, die ebenfalls im Stationsbad vorhanden war. Dann glitt ich zufrieden in das warme Wasser und entstieg dem Bade wie neu geboren. Ich wusch meine Scham und meine Schuld einfach ab. Es war beinahe meditativ für mich. Nachdem ich reingewaschen war, konnte ich wieder neu beginnen. Ich verzieh mir die Fehler des Tages und wollte es am nächsten einfach besser machen.

Und dieses Verhalten behielt ich bis zum Tag meiner Entlassung bei.

So kam der Tag meiner letzten stationären Aufnahme im AKH. Ich war zwar noch Bulimie krank, aber das AKH hatte ich nun satt.

Nachdem ich nach meiner Entlassung aus dem AKH wieder regelmäßig zur Schule ging, musste nun eine Lösung für mein bisheriges Fernbleiben gefunden werden. Und hier kam mir die Direktion wirklich außerordentlich entgegen. Ich hatte ein Zeugnis erhalten, in dem in jedem Fach ein „Nicht benotet" stand. Man stellte mir frei, entweder in jedem Fach eine Prüfung abzulegen, um in die nächste Klasse aufsteigen zu können, oder aber die Klasse zu wiederholen. Das tat ich dann auch schweren Herzens. Ich, die ich immer so leistungsorientiert war, sollte nun also sitzenbleiben. Aber sowohl mein damaliger Klassenvorstand als auch meine Mutter waren der Ansicht, dass es mir nur schaden würde, mir derart viel Stress aufzubürden und in jedem Fach eine Nachprüfung zu machen. Und ehrlich gesagt war ich der gleichen Meinung. Nun wollte ich aber den Ausbildungszweig wechseln. Und zwar aus einem einfachen Grund. Wenn ich vom sprachlichen in den musischen Zweig wechselte, konnte ich neu mit Latein beginnen. Und dieses Fach wollte ich unbedingt haben, denn ich wollte doch eine große Psychiaterin werden. Ich hatte zwar im Krankenhaus versucht, mir diese Sprache autodidaktisch anzueignen, es war auch gar nicht so schlecht gegangen, aber im Unterricht konnte ich einfach nicht mehr mithalten. Gesagt getan, so wechselte ich nun also von der A- in die C-Klasse und mein Leben begann von vorne.

In der Klasse, in der ich jetzt war, wurden die Karten nämlich noch einmal neu gemischt. Schüler aus verschiedensten Unterstufenklassen sowie auch einige Repetenten so wie ich wurden ganz neu zusammengewürfelt. Endlich war ich eine von ihnen, eine ganz normale Schülerin, die nicht wie ein sonderbares Tier beäugt wurde. Und diese „Anonymität" ermöglichte es mir, Freunde zu finden. Echte und wunderbare Freunde, von denen ich mit fast allen noch heute befreundet bin. Nein, die Magersucht wäre mir bei diesem Vorhaben nur fürchterlich im Weg gestanden, die Bulimie aber erlaubte es mir, mich unter meinen Altersgenossen normal zu verhalten. Und wenn mir alles zu viel wurde und ich vor etwas Angst bekam, dann flüchtete ich mit meiner Schokolade in mein Kinderzimmer. Es war für mich nämlich nicht leicht, mit meinen Altersgenossen mitzuhalten. Ich war so überbehütet aufgewachsen und hatte noch dazu so viel Zeit unter der Glasglocke des AKH verbracht, dass ich einfach ein Spätzünder war. Andere konnten es gar nicht erwarten, zum Beispiel endlich den Führerschein zu machen und dann nach Wien zu fahren, um dort auszugehen. Mich aber ängstigte das alles.

Und das war nicht das Einzige, was mir Angst machte: Ich konnte meinen Wunsch nach Sinnlichkeit nicht mehr unterdrücken. Und es war nicht nur die Schokolade, nach der ich mich sehnte. Ich wollte auch endlich einen Freund haben. Ich hatte meinen Freundinnen nun schon eine ganze Weile zugesehen, wie sie Beziehungen begonnen hatten, führten und wieder beendeten, ich war aber immer allein geblieben. Und zwar aus purer Angst. Ich konnte mich mit meiner Lebensgeschichte doch keinem Mann zumuten, der würde schreiend davonlaufen, dachte ich. Also musste *ich* laufen. Es gab immer wieder Männer, die mir ihre aufrichtige Zuneigung zeigten und ich stieß sie alle vor den Kopf. Ich zierte mich, sagte Verabredungen ab und meldete mich schließlich gar nicht mehr, solche Angst hatte ich davor, dass sie herausfänden, wie traurig mein Leben war. Ich konnte selbst kaum mit der Erkrankung meiner Mutter fertig werden, wie sollte es denn da jemand mit mir aushalten können?

Meine Bulimie hatte auch einen weiteren unerfreulichen Nebeneffekt. Ich begann zu stehlen, und zwar nicht nur Essen, wie ich es auf der Station getan hatte. Ich weiß zwar heute, dass das kein ungewöhnliches Verhalten für Bulimiekranke war, aber für mich war es das sehr wohl. Ich war stets um ein korrektes und freundliches Benehmen bemüht und nun schlich ich, die ich perfekt sein wollte, durch die Drogeriemärkte und steckte Kosmetikartikel ein. Ich konnte sie mir schlicht nicht leisten und war eigentlich auch gar nicht bereit, mein Geld dafür auszugeben. Ich fand, dass mir diese Dinge zuständen, und so nahm ich sie mir einfach. Immer schon war ich auf andere neidisch gewesen, auch auf diejenigen, die mehr Geld als ich zur Verfügung hatten beziehungsweise sich diese Dinge einfach kauften. Ich tat meiner Mutter mit meiner teuren Erkrankung bereits genug an, ich konnte doch nun nicht auch noch losgehen und mir kostspielige Kosmetikartikel kaufen. Ich stahl nicht sehr oft und wurde dabei zum Glück auch nie erwischt – denn wie ich mit dieser Peinlichkeit umgegangen wäre, weiß ich nicht. Schuldbewusst erzählte ich danach meiner Mutter davon. Zunächst schimpfte sie mit mir, aber das eine oder andere Mal steckte nun auch sie beim Einkaufen eine Kleinigkeit in ihre Handtasche, ohne dafür zu bezahlen. Was waren wir nur für eine grauenvolle Familie? Oh, wie ich mich schämte!

Ich weiß aber auch noch, dass mir das Stehlen einen gewissen Kick gab, es bereitete mir ebenso Lust wie auch das Essen. Da ich jedoch nicht gewillt war, meine Sexualität auf normalem Weg auszuleben, fand ich sozusagen ein Hintertürchen, das es mir ermöglichte, gewisse Bedürfnisse zu befriedigen. Aber das wusste ich damals noch nicht.

Meine Mutter war in der Zwischenzeit wieder bei meinem Vater eingezogen. Nachdem ich in ihrem Haus versucht hatte, mir das Leben zu nehmen, konnte meine Großtante einfach nicht mehr mit mir unter demselben Dach leben, da sie sich so sehr davor ängstigte, mich eines Tages tot aufzufinden. Sie wäre sogar bereit gewesen, selbst vorläufig woanders zu wohnen, aber meine Mutter wollte ohnehin nach Hause zu ihrem Mann.

Und als ich dann auch wieder nach Hause kam, war eigentlich alles wieder okay. Wie gesagt, ich hatte nun Bulimie, aber das war eigentlich nicht weiter tragisch. Nur meinem Papa wollten wir es nicht sagen. Das hätte nur wieder Ärger gegeben. Er wusste es natürlich trotzdem. Einmal fand er meine Essensvorräte und schrie mich an, was denn der Unsinn nun wieder sollte. Aber ich glaube, er wollte es gar nicht wissen und so sprachen wir nicht darüber.

Kommen Sie bitte, ich möchte Ihnen gerne etwas zeigen. Das hier ist unsere Wohnung. Da in der Küche sitzt Mama. Sie schachtelt gerade ihre Tabletten ein, so wie sie das jeden Abend tut. Gleich wird Papa von der Arbeit nach Hause kommen. Bei dem bloßen Gedanken daran wird mir schon schlecht. Mein Magen beginnt sich zusammenzukrampfen und ich kann mein Herz in meinem Hals klopfen fühlen.

Gleich wird er wieder mit ihr schimpfen. Bestimmt weint sie dann wieder. Und ich bin schuld. Ich kann sie nicht beschützen.

Glauben Sie, dass man bereits essgestört zur Welt kommt? Ich fragte mich, wann ein Kind beginnt, magersüchtig zu werden.

In all der Zeit, in der ich krank war, fragte ich mich immer wieder. WIESO ICH?

Meine Symptome fingen an, als ich zwölf Jahre alt war. Aber ich denke, die Krankheit begann schon viel früher. Nun hatte ich viel Zeit gehabt, über alles nachzudenken. Ich hatte durch die Psychotherapie gelernt, mich selbst zu analysieren und endlich kam Licht in das Dunkel meiner Krankheitsgeschichte.

Meine Kindheit war unbeschwert und glücklich gewesen. Zumindest teilweise. Oder irre ich mich?

Nun ja, meine Kindheit war zwar durchzogen von den Streitgesprächen meiner Eltern, aber ich würde nicht behaupten, dass sie davon geprägt war.

Und dennoch, wir wohnten in einer Wohnung und ich kam nicht umhin, mit anhören zu müssen, wenn mein Vater meine Mutter anschrie. Er war damals jähzornig und aufbrausend und ich erschrak, dass er meine Mutter so sehr schimpfte. Ich stand an meiner Kinderzimmertür und lauschte mit klopfendem Herzen ihren Gesprächen. Ich wollte meiner Mutter helfen und sie vor den Worten meines Vaters beschützen. Ich verstand zu diesem Zeitpunkt noch nicht, dass ein verzweifelter Mann um das Leben seiner schwer kranken Frau kämpfte. Ich wusste nur eines: ICH MUSSTE MEINE MUTTER RETTEN! Vor ihm. Davor, dass er mit ihr schimpfte. Wenn ich es nicht mehr in meinem Zimmer aushielt, weil ich solche Angst vor diesen Streitigkeiten hatte, rannte ich in die Küche und warf mich schützend vor meine Mutter. Natürlich schickten mich meine Eltern dann wieder zurück in mein Zimmer, sie wollten mich doch nicht mit ihren Problemen belasten. Welcher Art diese Probleme waren, verstand ich zu diesem Zeitpunkt noch nicht, aber das sollte ich schon bald herausfinden. Ich wusste damals nur eines: Ich wollte meinen Eltern nicht auch noch zusätzlichen Kummer bereiten.

So versuchte ich einfach, das bravste Kind der Welt zu werden. Indem ich bemüht war, stets heiter zu wirken, wollte ich meiner Mutter aus ihrer Traurigkeit heraushelfen. Ich wollte es vermeiden, dass meine Eltern Anlass zum Streiten hatten und so übernahm ich immer mehr merkwürdige Aufgaben, von denen ich dachte, dass ich sie so wieder vereinen könnte: Ich ging mit meiner Mutter überall hin. Beim Einkaufen achtete ich darauf, dass sie nicht wieder zu viel kaufte, damit Papa nicht wieder schimpfte. Ich packte die Einkäufe dann ganz schnell ein, damit wir rechtzeitig zu Hause wären, denn wenn Mama wieder so lange mit dem Kochen brauchte, dann würde Papa bestimmt wieder schreien. So wurde ich immer mehr zur Mutter meiner Mutter und zu ihrer Aufpasserin. Ich ging ihr damit gehörig auf die Nerven, denn ich war schließlich ihr Kind und versuchte, sie zu bevormunden. Aber ich war überzeugt davon, es besser zu wissen. Ich würde sie schon beschützen, ganz bestimmt.

Ich begleitete meine Mutter auch zum Arzt, zu diversen Ärzten und in die Apotheke. Ich wusste eigentlich nicht wirklich, was meiner Mutter fehlte, aber ich ekelte mich davor, wenn sie beim Arzt begierig vor dem Schalter stand, mit einem Einkaufszettel in der Hand, auf dem sie notiert hatte, welche Tabletten sie haben wollte. Oft erklärte ihr dann die

77

Ordinationshilfe, dass sie nicht so viele Rezepte bekommen konnte. Ich schämte mich, dass meine Mutter so unangenehm auffiel und dachte, alle anderen Patienten im Wartezimmer würden uns anstarren.

Abgesehen davon war ich aber ein glückliches Kind. Ich ging gern zur Schule und war auch immer eine sehr gute Schülerin. Das Lernen fiel mir leicht und die guten Noten gaben mir eine wunderbare Bestätigung. Ich glaube, es war in der dritten Klasse, als ich meinen ersten Zweier in Mathematik bekam, meinen ersten Zweier überhaupt. Ich brach sofort in Tränen aus und tat mir sehr leid. Wieso musste denn so etwas mir passieren? Meine Lehrerin meinte, dass das doch alles nicht so schlimm wäre und ich mich doch bitte nicht so aufführen solle, was würden denn die Kinder denken, die öfter einen Zweier oder eine noch schlechtere Note bekämen. Sie hatte ja recht. Ich wollte nun wirklich niemanden mit meinem Verhalten verletzen, aber sie verstand offenbar nicht, dass ich perfekt sein wollte, perfekt sein musste.

Um also niemanden zu verletzen und es allen recht zu machen, richtete ich meine negativen Gefühle lieber gegen mich selbst – das nennt sich Borderline-Persönlichkeitsstörung und ein Aspekt davon ist selbstschädigendes Verhalten, aber so weit sind wir noch nicht.

Nach der Schule ging ich nach Hause, aß zu Mittag und machte so schnell wie möglich die Hausübung. Ich wollte immer alles gleich erledigen, denn dann war ich frei und konnte machen, worauf ich Lust hatte. Als ich später magersüchtig war, dachte ich auch so ähnlich. Wenn ich erst einmal genug abgenommen hätte, lieber ein, zwei Kilo unter dem idealen Gewicht, das ich immer niedriger ansetzte, dann wäre ich nämlich ebenfalls „erlöst" und konnte doch wieder ganz normal essen.

Ob ich Freundinnen hatte? Ja. Ich hatte immer wieder eine beste Freundin. Es war mir am liebsten, sie ganz exklusiv für mich zu haben. Ein Gruppenmensch war ich eigentlich nie. Auch in der Schule arbeitete ich am liebsten allein. So gefiel mir das am besten.

Und Hobbys? Ich las für mein Leben gern, sah auch gerne fern und naschte dann dazu ein Stückchen Schokolade. Eigentlich war alles in Ordnung. Aber unter der Oberfläche brodelte es gewaltig. Mit der Zeit bekam ich immer stärker das Gefühl, dass mit meiner Familie irgendetwas nicht stimmte. Ich kam aber einfach nicht dahinter, was dieses „Irgendwas" denn sein könnte. Was war nur mit uns los? Wie gesagt, hatte ich Angst um meine Mutter, wenn mein Vater mit ihr schimpfte, aber wieso musste ich dann nur so viel Angst um sie empfinden? War sie vielleicht krank? Wieso sagte mir denn keiner etwas? Die Angst wurde zu meiner unliebsamen Begleiterin, vielleicht ist sie sogar die erste Bezeichnung, die ich meiner späteren Erkrankung, der Magersucht, geben würde – DIE ANGST.

Angst, dass mit meiner geliebten Familie etwas nicht in Ordnung wäre. Und aus dieser Angst heraus entwickelte ich einen Wesenszug, den ich schon als einen der ersten Grundsteine für meine Magersucht sehen würde – DIE KONTROLLE. Und genau diese durfte mir unter gar keinen Umständen entgleiten. Ich würde meine Eltern schon ganz fest zusammenhalten. Ich wollte nicht, dass meine heile Welt zerbrach, also war ich stets darauf bedacht, alles zu vermeiden, was diese Harmonie gefährden könnte. Ich versuchte immer, sämtliche Unstimmigkeiten zwischen meinen Eltern zu vermeiden, beschwichtigte sie abwechselnd, dass Mama heute gar nicht so viel Geld ausgegeben hätte oder dass Papa schon bestimmt nicht schimpfen würde, wenn sie ihn doch wieder um mehr Haushaltsgeld bitten musste. Neben dieser Aufgabe als Streitschlichterin meiner Eltern versuchte ich, eine so „normale" Kindheit wie möglich zu führen und das war ganz schön anstrengend. *„Das müssen wir jetzt aber niemandem erzählen"*, meinte mein Vater oft, wenn wir Verwandte besuchen fahren wollten und meine Eltern zuvor wieder gestritten hatten. Ich war aber noch ein Kind und verstand damals noch nicht, dass man eben nicht immer alles jedem erzählt, wie es einem gerade einfällt und dieses *„Schweigen-Müssen"* belastete mich sehr. Was war denn so schlimm daran, wenn man jemandem erzählte, Mama und Papa hätten heute gestritten, oder war da schon wieder mehr dahinter, als ich wusste? Und Mama sagte mir immer, dass wir Papa aber heute nicht sagen, wieviel Geld sie ausgegeben hätte oder dass sie wieder in der Apotheke um ein Medikament gebettelt hatte. Was durfte ich denn jetzt eigentlich wem erzählen? Es war furchtbar!

All das belastete meine Kindheit. Aber sie war auch sehr schön. Mama spazierte mit mir oft in den Park, wir hatten ein bisschen Proviant dabei, suchten uns dann ein sonniges Plätzchen zum Jausnen und pflückten ein paar Blumen. Abends las sie mir Gute-Nacht-Geschichten vor oder ich bat sie, welche für mich zu erfinden, am liebsten mit Feen und Elfen. Ich fühlte mich sehr geliebt und geborgen bei ihr. Und auch Papa ging viel mit mir spazieren. Wenn es geregnet hatte, zeigte er mir im Park die Schnecken oder er erzählte mir Geschichten aus seiner Kindheit. Ich liebte das. Wieso konnte es denn nicht immer so schön sein?

Wann aber begann nun eigentlich die Geschichte meiner Magersucht? Als die Krankheit ausbrach oder in meiner Kindheit? War ich so schwer traumatisiert? Begann sie gar bereits mit meiner Geburt? Immerhin ist auch eine genetische Komponente der Magersucht bekannt. KAM ICH NUN ALSO BEREITS MAGERSÜCHTIG ZUR WELT?

Ich wollte immer wissen, wie es dazu kam, dass ich magersüchtig geworden war. Also begann ich mich selbst zu analysieren und zu hinterfragen. Und ich denke, meine Krankheitsgeschichte begann sogar noch früher. Im Leben meiner Eltern.

Somit möchte ich Ihnen nun kurz diese zwei Schlüsselfiguren vorstellen, da ich annehme, dass viele psychische Erkrankungen einfach auf einer Ansammlung von traumatischen Erlebnissen beruhen, die sich durch mehrere Generationen ziehen. Ich habe es immer als Fluch unserer Familie bezeichnet. Es gab, soweit ich weiß, unter den Familienmitgliedern einen Selbstmörder, eine an manischen Depressionen Erkrankte und auch einen Drogensüchtigen. Diesen Fluch wollte ich nun endlich brechen, ich würde gesund werden und meinen Kindern einmal viel Kummer und Leid ersparen.

Meine Eltern und ich waren so unglücklich miteinander verwoben, dass sich unsere Grenzen auflösten, wir verschmolzen zu einer Art Pilzgeflecht. Wer darin Vater, Mutter oder Kind war, war uns nicht mehr klar. Wir spielten verschiedene Rollen. Es war ein heilloses Durcheinander. Stets waren wir darauf bedacht, unser Leben harmonisch und perfekt zu halten. Wir meinten es doch nur gut mit dem jeweils anderen. Aber der Teppich, unter den wir unsere Probleme zu kehren pflegten, bäumte sich bereits gewaltig auf und drohte jeden Moment überzuquellen.

Nach außen hin wirkten wir, glaube ich, wie eine ganz passable, nette Familie. Mein Vater hatte oft gesagt: *„Das brauchst du aber nicht jedem zu erzählen."* Er bezog sich auf die Erkrankung meiner Mutter und die daraus resultierenden Unstimmigkeiten zwischen meinen Eltern. Aber diese Last alleine zu tragen vermochte ich nicht. Ich erstickte beinahe an den ganzen Geheimnissen. Ich war so voll, dass ich nicht mehr essen konnte. Sehen Sie, wie eng doch Körper und Geist miteinander verwoben sind? Ich befand mich auf einer Gratwanderung zwischen gesund und krank.

Und als ich alt genug geworden war, die volle Tragweite der Erkrankung meiner Mutter zu begreifen, zerbrach meine heile Welt.

Um meine Eltern und ihre Verhaltensweisen verstehen zu können, fragte ich ihnen regelrecht Löcher in den Bauch, so sehr wünschte ich mir, eine Erklärung für meine Erkrankung zu finden. Bitte lernen Sie nun auch meine Eltern etwas besser kennen.

MAMA

Meine Mutter war nach langem Kinderwunsch, einer Fehl- und einer Totgeburt mit 34 Jahren mit mir schwanger geworden. Sie glaubte nicht, dass sie dieses Mal ein gesundes Kind zur Welt bringen würde. So würde es für sie leichter zu ertragen sein, wenn sie das Kind verlieren sollte.

Sie rauchte weiterhin Zigaretten und ging trotz verordneter Bettruhe zur Arbeit. Nach circa sechs Monaten teilte ihr der Frauenarzt mit, das Kind wäre nun lebensfähig. Da bereute sie, mir vielleicht geschadet zu haben.

Ich kam gesund zur Welt und meine Mutter begann mich abgöttisch zu lieben. Sie kehrte nach dem Ende ihrer Karenzzeit nicht mehr in die Arbeit zurück. Als ich älter war, wollte sie mich zunächst zu einer Tagesmutter geben, brachte es aber nicht übers Herz. Sie konnte sich einfach nicht von mir trennen. Beinahe symbiotisch verschmolz sie mit mir, sie fühlte sich schuldig, weil sie nicht an mein Überleben im Mutterleib geglaubt hatte und erdrückte mich nun förmlich mit ihrer Hingabe.

Mamas eigene Kindheit war schwierig gewesen. Ihre eigene Mutter wurde bereits in jungen Jahren mit ihr schwanger. Meine Großmutter wünschte sich einen Sohn, gebar eine Tochter – meine Mutter – und nahm diese Zeit ihres Lebens nicht als ihr eigenes Kind an. Vielleicht litt sie auch an einer postnatalen Depression.

So wuchs meine Mutter großteils bei ihrer Großmutter auf. Sie fühlte sich dort sehr wohl und verbrachte eine glückliche Kindheit. Meine Großmutter war nicht bereit gewesen, meiner Mutter die gewünschte Ausbildung zu ermöglichen. Meine Mutter wäre gerne wie ihr Großvater zur Kripo gegangen oder aber Apothekerin geworden. Aber meine Großmutter war der Meinung, meine Mutter sollte zusehen, dass sie bald mit der Schule fertig werde, um dann arbeiten zu gehen und ihr Miete zahlen zu können.

Einmal nahm ein Bekannter meiner Großmutter meine Mutter von Leoben, wo deren Großmutter lebte, im Auto mit nach Hause. Er belästigte meine Mutter sexuell, diese erzählte es zu Hause ihrer Mutter, welche ihr aber nicht glaubte. Oder sie wollte es einfach nicht wahrhaben.

Meine Mutter litt zu Hause große seelische Qualen. Sie erkrankte zunächst an Migräne. Einmal erzählte sie mir, dass bei ihr zu Hause immer Schmerzmittel griffbereit gewesen wären. So begann sie, Tabletten einzunehmen und betäubte damit ihren Kummer. Sie hatte einen Weg gefunden, ihrem psychischen Leiden körperlichen Ausdruck zu verleihen.

MEINE MUTTER WURDE TABLETTENSÜCHTIG!

Mit unserem damaligen Hausarzt, einem Freund meiner Mutter, versuchte sie einen kalten Entzug durchzuführen. Es gelang ihr. Als ich aber in der dritten Klasse Volksschule war, überging meine Mutter eine Verkühlung und bekam eine Lungenentzündung. Zunächst wurde sie zu Hause behandelt und dann im AKH in Wien operiert. Sie hatte Schmerzen und bekam Schmerzmittel. Und der Teufelskreis ihrer Medikamentensucht begann von Neuem.

Sie litt an Depressionen, wogegen ihr Antidepressiva und angstlösende Medikamente verschrieben wurden. Ich sehe sie noch heute in der Küche sitzen und ihre Tabletten in eines dieser blauen Schächtelchen einsortieren, die man im Spital bekommt. Sie hatte eine Plastiktasche voller „Pulver" im Wohnzimmerkasten. Wenn sie ihre Medikamente für den nächsten Tag einsortierte, wollte sie nicht gestört werden. Sie rauchte dabei genüsslich eine Zigarette und wirkte glücklich und entspannt. Ich hasste das blaue Schächtelchen, denn es nahm mir meine Mutter weg!

Ich hatte oft das Gefühl, dass ich die Mama zu Hause war. Schließlich sorgte ich auch dafür, dass meine Mutter nicht zu viel einkaufte, damit mein Vater sie nicht wieder schimpfte, weil sie zu viel Geld ausgegeben hatte. Sie trug ein Drittel seines Einkommens in die Apotheke. Meine Mutter kam mir vor wie ein bockiges Kind, sie wollte nicht auf mich hören. Und wieso hätte sie das auch tun sollen? Sie war doch erwachsen und ich das Kind. Verstehen Sie nun, auf welchen Schlamassel wir zusteuerten? Meine Eltern und ich tauschten untereinander die Rollen hin und her. Das konnte nicht mehr lange gut gehen ...

Wenn ich heute an meine Mama zurückdenke, dann erinnere ich mich am liebsten an die Geschichten aus ihrer Kindheit in Leoben, sie war dort glücklich gewesen. Sie war ein aufgewecktes Kind. In dem Haus, in dem meine Urgroßmutter wohnte, gab es auch noch andere Kinder, mit denen meine Mutter gerne ihre Zeit verbrachte. Einmal spielten sie „Zirkus". Tagelang probten sie für ihre große Vorstellung und verlangten dann Eintrittsgeld von den Nachbarn, die vom Fenster aus in den Hof sehen konnten, der die Manege darstellte. Oder meine Mutter erzählte mir von der Klosterschule, die sie besuchte, wie sie oft frech war und ihren Mitschülerinnen Streiche spielte, indem sie ihnen etwa im Werkunterricht die Schnürsenkel unter dem Tisch zusammenband. Diese

Geschichten zeigten mir, dass es eine Zeit gegeben haben musste, in der meine Mutter glücklich gewesen war. Ich liebte es auch, wenn mein Vater mir erzählte, wie er sie kennengelernt hatte. Sie war eine junge, hübsche Sekretärin und er hatte beruflich an ihrem Arbeitsplatz zu tun. Er lud sie auf einen Kaffee ein und schon bald darauf waren sie ein Paar.

Was also war nur mit meiner Mama passiert? Sie war doch so glücklich gewesen.

PAPA

Mein Vater hatte es nicht leicht mit einer kranken Ehefrau und einer kranken Tochter. Er war derjenige von uns, der psychisch am längsten stabil blieb.

Papa hat viel mit mir gespielt, eigentlich hat immer nur er mit mir gespielt. Wir gingen oft im Park spazieren und er erklärte mir alle Tiere und Bäume. Und er lehrte mich die Liebe zur Literatur. Bücher waren oft die wichtigste und schönste Zuflucht für mich, wenn die Realität wieder einmal allzu grausam zuschlug. So schlimm meine Eltern auch stritten, so traurig meine Mutter auch war, ich konnte stundenlang in meinem Zimmer sitzen und lesen. Die Geschichten, in die ich mich flüchtete, spendeten mir Trost und Geborgenheit.

Mein Vater konnte das ganze Balladenbuch auswendig, das wir zu Hause hatten, und musste mir immer daraus vortragen. Das liebte ich. Er konnte wunderschön rezitieren, er hauchte diesen Gedichten so viel Leben ein, dass ich sie bildlich sehen konnte: Ich war am Königshof in „Des Sängers Fluch" – das war meine Lieblingsballade – und es war wunderschön dort.

Er war als jüngstes Kind einer großen Familie in einem Dorf aufgewachsen. Seine verwitwete Mutter hatte bereits Kinder und lebte nach dem Tod ihres ersten Mannes mit einem Witwer zusammen, der ebenfalls eigene Kinder mit in die Beziehung gebracht hatte. Zusammen hatten sie weitere Kinder. Bei unseren Familientreffen ging es also immer recht lustig zu.

Sein Vater war ein jähzorniger Mann gewesen. Mein Vater erzählte mir, dass mein Großvater, den ich nicht mehr kennenlernen konnte, da er schon vor meiner Geburt starb, sehr imposant gewirkt hatte. Er war groß und hatte schlohweißes Haar. Nach Abschluss seiner Schulausbildung erklärte ihm mein Vater, dass er sich dazu entschieden hatte, eine kaufmännische Lehre zu beginnen – mein Großvater war Brunnenbauer gewesen. Mein Vater hatte Angst davor, wie mein Großvater darauf reagieren würde, aber dieser akzeptierte die Entscheidung seines Sohnes.

Die Geschichte, die mir am meisten im Gedächtnis geblieben ist, war die, in der mein Opa im Zorn meinem Vater mit einer Mistgabel auf den Kopf geschlagen hatte. So brachte nun also auch mein Vater seine eigene Kindheitsgeschichte in meine Krankheitsgeschichte mit ein.

Mein Vater erzählte mir gern und oft Geschichten aus seiner Kindheit. Ich liebte diese Geschichten und ich liebte auch meinen Papa.

Aber er zeigte auch noch eine andere Seite. Ich hasste es, wenn er meine Mutter anschrie. Wieso tat er das nur? Es war so furchtbar! Ich hatte dann richtig Angst vor ihm, denn ich verstand noch nicht, wieso er so verzweifelt war. Alles, was ich dann wollte, war, dass er endlich damit aufhörte.

So entstand in mir eine innere Zerrissenheit. Ich liebte doch Mama und Papa. Zu wem aber sollte ich im Streit halten. Ich musste mich für eine Seite entscheiden ...

TOSKANA

Eines Tages – ich war gerade 16 Jahre alt – entschieden wir, Urlaub in der Toskana zu machen. Als wir auf der Reise dorthin – wir fuhren mit dem Auto – eine Pause einlegten, beschloss ich, dass ich nun mit dem Rauchen beginnen wollte. Es gab damals ein Mädchen in meiner Klasse, das rauchte und das ich gelegentlich auf den Schulhof begleitete, wo es sich eben in der Pause eine Zigarette anzündete. Da waren auch ältere Schülerinnen und Schüler und ich fühlte mich unglaublich cool, nun auch am „Raucherhof" zu stehen.

Das Rauchen stellte ich mir wie eine weitere Rolle vor. Ich würde diese ganz dünnen Zigaretten rauchen wie die Filmstars im Hollywood der 50er-Jahre und dabei sehr mondän aussehen.

Außerdem war ich schon sehr gespannt, wie ich das mit den Fressanfällen im Urlaub machen würde. Immerhin durfte mein Vater nicht wissen, dass ich immer noch Bulimie hatte. Unser Zusammenleben als Familie funktionierte nun wieder einigermaßen harmonisch und diese Tatsache würde das fragile Gerüst nur erneut zum Einsturz bringen. Wir trafen am Urlaubsort ein und es gefiel mir dort wirklich gut. Das Wetter war warm, das Hotel schön und wir hatten es gar nicht weit zum Strand. Hier würden wir bestimmt einen netten Urlaub verbringen.

Im Hotelzimmer angekommen, welches ich mir mit meinen Eltern teilte, merkte ich sofort, dass ich hier bestimmt nicht erbrechen konnte. Das Klo befand sich nämlich ebenfalls im Zimmer. Aber ich beruhigte mich mit dem Gedanken, gewiss bald einen geeigneteren Ort für mein Vorhaben zu finden.

Als wir abends zum Essen in den Speisesaal gingen, fiel mir auf, dass die Toiletten in unmittelbarer Nähe zu diesem lagen. Man würde die Kotzgeräusche durch den ganzen Saal hören können. Nein, so ging das nicht. Es würde mir wohl oder übel nichts übrigbleiben, als in diesem Urlaub nicht zu erbrechen.

Dazu müssen Sie eines wissen: Eine Magersüchtige leidet unter der entsetzlichen Angst, in einem absurden Maß zuzunehmen, wenn sie anfangen würde, wieder völlig normal zu essen. Ich benutzte oft die Ausdrücke: *„Dann kann ich ja gar nicht mehr kontrollieren, wie viel ich zunehme. Das wird ja dann vielleicht gar nicht mehr aufhören."* Ich war nun zwar als Bulimikerin nicht mehr so dünn wie als Magersüchtige, aber außerhalb meiner Fressanfälle achtete ich dennoch sehr auf meine Ernährung.

Und mit einem Mal ließ ich diese Angst los. Ich gönnte mir einen Urlaub, eine Pause von der Sorge darum, zu dick zu werden. Außerdem war es lächerlich, denn wie viel sollte ich denn schon in der einen Urlaubswoche zunehmen? Es waren vier Kilo, also doch gar nicht so wenig. Ich erlebte den sogenannten Jo-Jo-Effekt. Mein Körper war mit einer kontinuierlichen, normalen Nahrungsaufnahme einfach überfordert. Und ich hatte auch kein Sättigungsgefühl. Ich aß weit mehr, als ich dann später zu Hause zu mir nahm. Ich merkte, dass es genug war, wenn mir der Bauch spannte, eben genauso, als wenn ich einen Fressanfall hatte. Aber ich erbrach nicht.

Als wir nach dem Urlaub wieder zu Hause angekommen waren, stellte ich mich natürlich zunächst einmal auf die Waage. Ich war einfach zu neugierig, wie sich mein Verhalten auf mein Gewicht ausgewirkt hatte. Aber so rasch würde es nun wohl nicht mit der Gewichtszunahme weitergehen. Zuhause überkam mich noch ein- oder zweimal ein Fresssanfall, aber ich hatte die Lust am Fressen und am Kotzen verloren.

Nun hatte ich also keine Bulimie mehr. Eigentlich könnte ich meine Geschichte nun hier enden lassen, ich war doch geheilt, oder? Also lebte ich glücklich bis ans Ende meiner Tage ...

So schnell sind wir nun auch wieder nicht. Die Geschichte einer Essstörung beginnt – wie ich eingangs bereits erörtert habe – so glaube ich nicht mit dem Ausbruch der Symptome und ebenso wenig endet sie mit dem Verschwinden dieser.

Bis ich dort ankommen sollte, wo ich heute bin, bedurfte es noch einiger Schritte und Veränderungen, von denen ich aber zum damaligen Zeitpunkt noch nichts wusste. Also gehen wir noch ein Stückchen weiter ...

Gut, nun war ich also 16 Jahre alt und hatte weder Magersucht noch Bulimie. Ich nahm aber nach wie vor die Antidepressiva ein, die mir damals im Krankenhaus verordnet worden waren. Ob ich sie damals immer noch brauchte, vermag ich nicht zu sagen, aber meine Mutter hatte eine große Freude daran, nun auch für mich ein blaues Tablettenschächtelchen vorzubereiten. Sie meinte es gut mit mir, sie hatte Angst, dass ich ohne die Hilfe der Tabletten möglicherweise wieder einen Rückfall erleiden würde. Außerdem war sie doch der Meinung, dass auch ihr die Medikamente halfen, mit den Anforderungen des täglichen Lebens fertigzuwerden.

Ich ließ sie also noch ein bisschen gewähren, sagte ihr aber schon bald, dass ich nun mit den Tabletten aufhören wollte. Ich merkte, dass sie mich abends schon sehr müde machten. Außerdem hatte ich jetzt Freundinnen, mit denen ich ausgehen wollte, was ich nun auch genießen konnte.

Die zarten Bande, die ich zu Beginn in der neuen Klasse geknüpft hatte, entwickelten sich zu echten Freundschaften. Die meisten davon gibt es wie gesagt heute noch. Meine Freundinnen kennen meine Krankheitsgeschichte und sie „halten sie aus". Anders als ich immer gefürchtet hatte, nahmen sie mich an, so wie ich war: einfach als Alex.

Da wir beim Fortgehen auch Alkohol tranken, hatte ich Angst, dass sich die Mischung mit den Tabletten einmal als gefährlich herausstellen würde. Also ließ ich meine tablettensüchtige Mutter bestimmen, wann ich wie viel von meinen Tabletten absetzen durfte. Es war Wahnsinn. Ich beschleunigte diesen Vorgang dann und kämpfte mit ihr um jede halbe und gedrittelte Tablette, die ich nun endlich loswerden wollte. Es war ein ganz normaler Machtkampf zwischen einer Tochter, die erwachsen wird, und ihrer Mutter. Da Sie nun aber bereits unsere unglückliche Vorgeschichte kennen, spielte er sich eben derart eigenartig ab.

So lebte ich nun einige Jahre sehr glücklich und zufrieden. Ich hatte die Balance in meinem Leben wiedergefunden. So wie ich es mir so sehr gewünscht hatte. Das diese aber nicht von Dauer sein konnte, war mir nicht klar. Die Umstände, die mich in meine Krankheit getrieben hatten, bestanden nach wie vor – Mama war noch immer tablettensüchtig.

MEDIZINSTUDIUM

Ich beendete dann auch das Gymnasium und maturierte mit gutem Erfolg. Besonders stolz war ich auf mein „Spezialgebiet" im Fach Psychologie und Philosophie. Ich sprach über Essstörungen und erzählte auch über meine eigene Erkrankung. Und ich hatte das Gefühl, dass es mit einem Mal still wurde im Saal, die Lehrer hörten mir wirklich alle zu. Das erfüllte mich mit unendlicher Dankbarkeit und mit Stolz. Mit diesem erhebenden Gefühl begann ich nun, Medizin zu studieren.

Naja, ich versuchte es zumindest. Die nächste Hürde in meinem Leben tat sich auf. Mein Rucksack mit den Problemen aus der Vergangenheit war leider noch etwas zu schwer, als dass ich sie hätte hinter mir lassen können. Das Studium warf mich wieder komplett aus der Bahn. Ich war überfordert mit den Anmeldeformalitäten, ich war ängstlich und nervös.

Ich hatte mich dazu entschieden, in ein Studentenwohnheim zu ziehen, es lag ganz in der Nähe der Uni und war somit optimal für mich geeignet. Die ersten zwei Wochen bewohnte ich mein Zimmer alleine, meine mir noch unbekannte Mitbewohnerin war noch nicht eingetroffen. Es war herrlich. Ich genoss die Zeit dort sehr. Ich hatte mein eigenes Zimmer, nach den Vorlesungen lud ich eine Freundin zu mir ein, die ebenfalls Medizin studierte und wir tranken einen Kaffee in der Gemeinschaftsküche. Ich fühlte mich angekommen. Meine Lebenssituation entsprach meinem Alter, so fand ich. Damals war ich 19 Jahre alt.

Und dann passierten zwei Dinge. Zum einen kam nun auch meine Zimmerkollegin in Wien an und bezog das freie Bett in „meinem" Zimmer. Das missfiel mir sehr. Sie war zwar nett, aber ich kannte sie noch gar nicht wirklich. Und nun sollten wir uns ein Zimmer teilen, inklusive des Badezimmers und des WCs. Nein, ich fühlte mich unwohl bei diesem Gedanken. Unwohl und meiner Privatsphäre beraubt. Und zum anderen rief ich zu Hause bei meiner Mutter an. Ein folgenschwerer Fehler. Sie war depressiv, ich hörte es sofort an ihrer Stimme. Und sie jammerte: *„Er schreit schon wieder, ja, wegen dem Geld."* Damit meinte sie natürlich meinen Vater. Ich hatte das Studium wirklich bei meinen Eltern durchsetzen müssen. Sie waren von der Idee nicht begeistert, dass ich nach Wien studieren gehen wollte. Mein Vater meinte, ich solle doch zu Hause bleiben, eine Fachhochschule in der Nähe besuchen und doch bitte „irgendwas mit Wirtschaft" machen. Ärzte würde man bestimmt keine brauchen.

Egal, ob ich nun für dieses Studium geeignet war oder auch nicht, jetzt wollte ich erst recht gehen – ich befand mich nun einmal noch immer in der Pubertät und begehrte gegen meine Eltern auf.

Sie meinten auch, dass sie sich das Studium nicht leisten konnten. Und ehrlich gesagt war ich damals einfach zu faul, als dass ich bereit gewesen wäre, mir einen Job zu suchen, um neben dem Studium mein eigenes Geld zu verdienen.

So schnappte die Falle dann erneut zu: Die Worte meiner Mutter hatten gewirkt. Es war wieder einmal meine Schuld, ich ließ sie alleine zurück. Wie konnte ich nur so egoistisch sein? Also packte ich meine Siebensachen und zog aus dem Studentenheim aus, wieder zurück nach Hause. Alle Systeme auf Anfang. Es war frustrierend.

Aber auch das Studium selbst erschütterte mich in meinem Selbstbewusstsein. Zur ersten Vorlesung kamen meine Freundin und ich gleich einmal zu spät. Wir hatten den Hörsaal nicht gefunden. Dass es eine Einführungsvorlesung gegeben hatte, kriegten wir erst irgendwann später mit. Der Hörsaal war zum Bersten voll. Also lauschten wir unserer ersten Anatomievorlesung völlig außer Atem, auf dem Boden der Galerie sitzend und ich verstand kaum ein Wort. Der Professor versuchte uns in einem stark von seinem südländischen Akzent geprägten Kauderwelsch aus Deutsch und Latein irgendwelche Knochen des menschlichen Körpers näherzubringen. Das sollte also das Medizinstudium sein? Das konnte ja heiter werden.

Aber ich machte das Beste daraus und erst einmal so weiter wie bisher. Ich versuchte, in den Vorlesungen einigermaßen mitzukommen und schrieb mir die Finger wund. Nach der ersten Prüfung nach einem Semester, die zu unserer eigenen Einschätzung diente, sah es gar nicht einmal so schlecht aus. Also schien alles zu passen. Ich hatte auch noch ein paar andere Mädels kennengelernt und wir verstanden uns gut.

Mein Problem war einfach, dass mich das meiste des Lehrstoffes absolut nicht interessierte. Ich wollte doch eine große Psychiaterin werden und nun musste ich mich durch das Erlernen irgendwelcher Nierenarterien und von was weiß ich noch allem quälen.

Da begann ich wieder zu schwanken. Ich war überfordert mit dem Studium, ich wollte wieder die Alex sein, so wie in der Schule, eine der Klassenbesten, nicht irgendeine x-beliebige Studentin, die niemanden interessierte. Und so entschloss ich mich erneut, meine Psychotherapeutin aufzusuchen. Es hatte mir immer sehr geholfen, mich mit ihr über meinen Alltag zu unterhalten und ich wollte diese Hilfe gerne wieder in Anspruch nehmen.

Wie ich es mir erhofft hatte, taten mir die Gespräche mit ihr auch gut, dennoch wurde ich immer instabiler in meiner Gefühlswelt. Ich haderte mit mir. Ich ärgerte mich, dass ich im Studium nicht besser vorankam und dass mich der Stoff einfach so wenig interessierte. Nach zwei Semestern bekam ich dann auch die Rechnung präsentiert. Ich hatte die erste große Prüfung verhaut. Beim zweiten Antritt war ich zwar besser, aber immer noch negativ und als ich die Prüfung im Dezember dann endlich schaffte, war das zweite Studienjahr bereits vorangeschritten und ich musste nun ein Jahr lang warten, bis ich weiterstudieren durfte. Und das passierte mir: der zukünftigen, großen Psychiaterin! Das ärgerte mich und war mir peinlich.

Da ich in dem Wartejahr wenigstens irgendetwas Sinnvolles anfangen wollte, beschloss ich, eine Famulatur zu machen, ein Praktikum auf einer Station in einem Krankenhaus. Diese Famulaturen waren ebenfalls Pflichtteil des Studiums. Um mich zu motivieren, bewarb ich mich natürlich auf der Kinder- und Jugendneuropsychiatrie im AKH. Ein Arzt nahm meine Bewerbung auch entgegen, aber als ich an dem ausgemachten Tag, an dem ich beginnen sollte, dort ankam, teilte man mir mit, dass meine Bewerbung irgendwie vergessen worden und es außerdem noch zu früh für eine Famulatur auf einer psychiatrischen Station sei, da ich mich noch in einem zu niedrigen Semester befände. *„Na super"*, dachte ich mir. *„Und das fällt ihnen erst jetzt ein?"*

Damals traf ich auch Dr. A. wieder. Es täte ihm leid, dass ich umsonst gekommen sei und dass er verstehen könnte, dass ich in den Ferien gerne etwas gemacht hätte, meinte er. Damals fühlte ich mich aber nicht richtig von ihm verstanden. Ich wollte ihm sagen, dass ich ein Jahr lang gar nichts zu tun hätte wegen der blöden Prüfung. Ich wollte nicht, dass er glaubte, ich sei noch immer von dem Leistungsanspruch getrieben, der mich auch in der Magersucht dermaßen beeinflusst hatte. Und ich wollte ihm sagen: *„Ich bin doch schon gesund, ich habe Freunde und es geht mir gut. Ich wollte ja nur in den Ferien irgendetwas Sinnvolles tun."* Aber das brachte ich damals einfach nicht fertig.

Also sagte ich nichts dergleichen und fuhr stinksauer wieder nach Hause. Und leider wurde es auch im zweiten Studienjahr nicht besser. Meine Freundin hatte aufgehört, Medizin zu studieren, ich war also wieder allein. Es gelang mir zwar erneut, liebe Mitstudenten zu finden, aber sie waren mir nicht so vertraut und ich bewegte mich sehr unsicher unter ihnen.

„Jetzt geht das schon wieder los", dachte ich mir. *„Nun musst du doch wirklich keine Angst mehr haben, dass dich niemand mag."* Aber ich fühlte mich immer unwohler und beschloss, mir Hilfe zu holen. Ich ging also zu unserem damaligen Hausarzt.

Zunächst wusste ich nicht recht, wie ich ihm eigentlich sagen sollte, welche Art von Hilfe ich von ihm erwartete. Ich wusste nur, dass mir gerade alles über den Kopf wuchs und ich Angstzustände hatte. Ich sagte ihm, dass ich gern wieder einen Schritt zurückgehen würde, noch einmal Medikamente nehmen wollte, so wie ich sie im AKH bekommen hatte, welche mich bei der Bewältigung meines Alltags unterstützen sollten. Er riet mir davon ab, meinte, ich solle lieber im Wald spazieren gehen, das würde mir bestimmt auch guttun. *„Na toll!"*, dachte ich. Er konnte mir offensichtlich nicht helfen und so beschloss ich, erneut einen Psychiater aufzusuchen. Gemeinsam mit meinen Eltern wählte ich einen passenden Arzt in unserer Nähe aus und meine Eltern fuhren mich dorthin. Ich hatte ihnen bereits gesagt, dass ich mir ein bisschen Hilfe suchen wollte und sie hielten das für eine gute Idee.

Nun, Ärzte sind auch nur Menschen. Auch sie denken in vorgefertigten Kategorien und es ist nicht leicht, sie vom Gegenteil zu überzeugen. So wie es unserem Hausarzt fernlag, einen jungen Menschen mit Medikamenten vollzustopfen, hatte nun leider auch besagter Psychiater sofort ein Bild von mir im Kopf. Erstens erschien ich mit meinen Eltern in der Ordination, nahm zu allem Überfluss auch noch meine Mutter in das Zimmer des Arztes mit, als ich aufgerufen wurde, weil sie neugierig war und hören wollte, was dieser zu sagen hätte, und dann erzählte ich ihm von meiner Magersucht und dass mir gerade alles über den Kopf zu wachsen drohte. Somit pflanzte ich dem Arzt ein Bild von mir in den Kopf, das mich sofort als *„Na eh klar, das ist eine Magersüchtige, die kommt sogar mit der Mama in die Praxis!"* abstempelte. Dass meine Geschichte aber weit komplexer war, ich bereits einige Therapien erfolgreich hinter mich gebracht hatte und es mich einfach nicht weiter störte, dass meine tablettenabhängige Mutter nun einmal gern zu Ärzten ging, das konnte ich ihm leider nicht vermitteln.

Wie dem auch sei, er gab mir wie gewünscht ein leichtes Antidepressivum und ein Mittel, das Angstzustände lösen sollte. Es war das gleiche Medikament, von dem auch meine Mutter abhängig war. Ich bat um ein alternatives Medikament, aber er meinte, dass dieses am besten für mich geeignet sei. Ich vermag bis heute nicht zu sagen, ob er das aus Kalkül tat, um mir aufzuzeigen, dass ich nun das gleiche Medikament wie meine Mutter einnehmen musste, oder ob er dem keine weitere Bedeutung zumaß.

Aber es ärgerte mich dann dennoch, dass ich wie ein kleines Kind mit meiner Mutter zum Arzt gegangen war und beim nächsten Kontrolltermin ging ich allein ins Sprechzimmer. Da saß der Psychiater. Er kam mir selbstgerecht vor und warf mir gleich einige wüste Beschuldigungen um die Ohren: Dass ich ein Missbrauchsopfer und von meinen Eltern in ein Abhängigkeitsverhältnis hineingezogen worden sei und noch einiges mehr. Ich antwortete ihm entrüstet, dass ich mir den Ausdruck „MISSBRAUCHSOPFER" verbäte. Immerhin waren das meine Eltern, von denen er da sprach. Meine Mutter war doch nicht aus Boshaftigkeit krank. So wollte ich seine Worte nicht einfach stehen lassen.

Überhaupt, es ist mir nicht nur einmal passiert, dass mich Leute aufgrund meiner Krankheit als etwas verurteilen wollten, was ich schlicht und ergreifend nicht war. Einmal kam eine Bekannte zu meiner Mutter und meinte, irgendjemand aus unserer Stadt stellte sich die Frage, ob ich möglicherweise vergewaltigt worden und deshalb magersüchtig geworden wäre. Derjenige hatte nämlich irgendwo einmal gelesen, dass sexueller Missbrauch auch zu Essstörungen führen konnte. Genau! Und wenn ein Mörder gerne Schokolade isst, dann sind alle, die auch gerne Schokolade essen auch Mörder, oder? Solche Äußerungen verletzten mich zutiefst. Die Leute erlaubten sich, über mich zu urteilen, ohne die Wahrheit zu kennen. Sie tratschten über mich. Heute verstehe ich das auch. Immerhin war ein Mädchen in ihrer kleinen Stadt plötzlich so erschreckend dünn geworden, magersüchtig, und sie wussten nun einmal nicht, wie sie damit umgehen sollten. Aber damals kränkten mich solche Aussagen zutiefst.

Einmal zu dieser Zeit saß ich mit meinen Eltern im Kaffeehaus. Durch den ganzen Unistress hatte ich abgenommen. Ich war noch nie dick und ich kann wirklich essen, was ich will, ohne viel zuzunehmen, aber ich wurde sofort wieder „verdächtigt", erneut magersüchtig geworden zu sein. *„Sieh nur, die Tochter vom Herrn F. ist schon wieder so dünn!"*, hörte ich jemanden am Nebentisch sagen. Und das tat weh! Ja, ich hatte Magersucht gehabt und alle hatten dabei zugesehen, aber nun war es doch bitte genug. Ob mein Vater gehört hatte, was diese Person gesagt hatte, weiß ich eigentlich gar nicht. Aber ich sagte gut hörbar: *„Weißt du Papa, manche Leute haben einfach kein Benehmen."* Und es tat mir gut, meinem Ärger Luft zu machen. Auch wenn die besagte Person vielleicht nur besorgt um mich gewesen war, ich wollte das Getratsche einfach nicht hören.

Also hatte ich eben auch dem Psychiater die Meinung gesagt. Ich muss aber sagen, die von ihm verordneten Medikamente halfen mir und mehr wollte ich doch auch gar nicht. Es brauchte mich auch nicht jeder Mensch auf der gesamten Welt verstehen.

So „wurschtelte" ich mich also weiter durch mein Studium und bemühte mich redlich, den ganzen langweiligen Vorlesungen irgendetwas Positives abzugewinnen. Ich machte das doch schließlich für meinen großen Traum, Psychiaterin zu werden. Und die anderen Fachrichtungen interessierten mich zu diesem Zeitpunkt einfach nicht sonderlich. Das änderte sich, als ich endlich beginnen durfte, zu famulieren.

Ich machte insgesamt drei Praktika auf unterschiedlichen Stationen in verschiedenen Krankenhäusern. Dabei stellte ich mich sogar ziemlich gut an, ich war im OP dabei, machte Blutabnahmen und entdeckte plötzlich, wie schön das Arbeiten als Ärztin war. Ja, ich empfand mich nun als angehende Ärztin und genoss diese Praktika außerordentlich. Sie waren es auch, die mich veranlassten, das Studium letztendlich nicht aufzugeben, obwohl ich immer wieder kurz davor war. Aber ich wusste auch keine vernünftige Alternative.

Ich dachte mir: *„Jetzt bin ich schon so tief drin, so weit gekommen, nun noch einmal etwas anderes anzufangen, das packe ich nicht."* Und so blieb ich Medizinstudentin.

Irgendwann einmal, da hatte ich das Gefühl, jetzt schnappe ich langsam über. Ich ging damals nach wie vor zu meiner Psychotherapeutin und erzählte ihr, dass ich zu Hause jetzt manchmal Heulkrämpfe bekäme. Ich konnte ihr nicht einmal genau sagen, warum eigentlich. Ich meinte nur: *„Irgendwie macht mich das alles so traurig, dass ich so lange krank war."* Aber diese Erklärung für mein Weinen klang eigentlich auch für mich selbst nicht sonderlich plausibel. Was war denn nun schon wieder mit mir los? Im Hörsaal musste ich manchmal einfach so loskichern, was mir zutiefst peinlich war. Aber ich konnte einfach nichts dagegen machen. Ich benahm mich wie ein Teenager in der Pubertät.

War das denn möglich? Und mit einem Mal begriff ich, dass genau das gerade mit mir passierte: Ich war in die Pubertät gekommen! Und zwar körperlich. Meine Hormone nahmen ihre Arbeit wieder vollständig auf und spielten verrückt. Nur leider passten meine Lebensumstände sowie meine geistige Reife nun einfach nicht mehr zu diesem körperlichen Zustand dazu. Ich sah mir selbst als junge Erwachsene dabei zu, wie ich mich wie ein Teenager benahm. Aber ich ließ meinen Körper gewähren. Das musste nun eben so sein und ich würde es geschehen lassen. Es war absurd. Auch meine Therapeutin staunte nicht schlecht. Sie hatte sich schon so etwas gedacht, meinte sie. Es war einfach zu komisch. Da saß ich nun, eine junge Frau Anfang zwanzig, und war mitten in der Pubertät. Aber ich ließ mich diesmal einfach gewähren, ich würde meinen Körper nicht erneut davon abhalten, zur Frau heranzureifen und fand mich schlicht damit ab, eben von meinen Studienkollegen immer wieder wegen meiner Lachkrämpfe beschmunzelt zu werden. *„Na, lachst schon wieder?"*, fragten sie. Ich bin mir sicher, einige von ihnen auch damit genervt zu haben, wenn ich mitten in der Vorlesung zu kichern beginnen musste, aber in dem großen Hörsaal fiel das zum Glück nur denen auf, die in meiner unmittelbaren Nähe saßen.

Und dann kam endlich der Moment, indem wir mit unserer Diplomarbeit beginnen konnten. Es war möglich, mit dieser bereits während des Studiums anzufangen und nichts anderes wollte ich tun. Mir fehlten zwar noch einige Prüfungen, aber für die war doch bestimmt auch später noch Zeit. Ich suchte mir sogleich einen Betreuer und teilte ihm mit, dass ich sehr gerne eine Arbeit über Magersucht und Bulimie schreiben wollte und so führte mich mein Weg erneut zurück in das AKH meiner Jugend. Ich musste dafür nämlich nicht zu den Hörsälen gehen, sondern auf die Erwachsenenpsychiatrie. Daneben lag mein altes Zuhause, die Kinder- und Jugendneuropsychiatrie. Dort wirkte das AKH auf mich viel schöner, so wie früher, als ich mich hier heimisch gefühlt hatte. Nur diesmal stand ich auf der anderen Seite.

Ich begann nun also mit meinem Betreuer, einem Arzt auf der Erwachsenenpsychiatrie, ein Konzept für meine Diplomarbeit zu erarbeiten. Er half mir sehr, ich hatte nämlich keine Ahnung, wie man eine Diplomarbeit schreibt. Und es sollte eine Kooperation mit einer Anlaufstelle für Essgestörte geben. Das gefiel mir besonders gut. Endlich konnte ich etwas Sinnvolles zur Heilung von Essgestörten beitragen. Ich verteilte Fragebögen an diverse Patientinnen und war glücklich.

Eines Tages bat ich meinen Betreuer, doch einmal mit einer Erkrankten sprechen zu dürfen. Ich wollte sehen, wie ich dabei empfand. Wie sehr ich die Erkrankung noch nachvollziehen und verstehen konnte. Und ich erhielt die Erlaubnis, mit einem männlichen Patienten zu sprechen. Es gibt immer wieder auch Männer, die an Magersucht erkranken, aber weit seltener als Frauen. Das fand ich hochinteressant. Mit einem magersüchtigen Mann hatte ich noch nie gesprochen. Ich weiß nicht mehr, was er mir genau erzählte – er schilderte mir ein wenig seinen Tagesablauf – aber ich verstand ihn. Ich konnte nachvollziehen, wie er empfand, was ihn bewegte. Und ich merkte, dass ich auch einmal so ähnlich gewesen war, aber dass dies nun einfach nicht mehr auf mich zutraf.

Und dann vollzog sich eines der wichtigsten Erlebnisse meines Lebens. Ich, die ich überzeugt davon war, eine großartige Psychiaterin zu werden, weil ich ja selbst psychisch krank gewesen war, erzählte dem Patienten davon, und er meinte, dass er noch nie zuvor das Gefühl gehabt hatte, dass ihn jemand so gut verstehen würde. Damals dachte ich mir: *„Endlich habe ich jemandem geholfen, ich habe ja immer gewusst, dass ich das kann."*

Nun, aus heutiger Sicht betrachtet, weiß ich eigentlich gar nicht, ob diesem Mann unser Gespräch in irgendeiner Form wirklich geholfen hat, aber er half mir. Endlich hatte ich mein Ziel erreicht. Ich hatte mir bewiesen, dass ich fähig war, etwas für essgestörte Menschen zu tun. Die Mühen des Studiums hatten sich bezahlt gemacht, ich war auf dem richtigen Weg.

Lieber magersüchtiger Patient von damals, danke! Sie haben mir sehr geholfen. Ich hoffe aufrichtig, dass es Ihnen gut geht.

MAMA STIRBT

Meine Mutter war in der Zwischenzeit an Krebs erkrankt. Nach einer vorangegangenen Bauchspeicheldrüsenentzündung und einem hartnäckigen Hautausschlag, den kein Dermatologe heilen konnte, wehrte sich ihr Körper erneut gegen den jahrelangen Tablettenmissbrauch. Zunächst einmal dachte ich mir nichts Böses dabei. Ein Lymphknoten in der Achselhöhle war auffällig geworden. Ich vermutete, sie hätte Brustkrebs und meinte, dass wir den schon in den Griff bekämen. Aber mit der Gesundheit meiner Mutter ging es nun rapide bergab.

Sie verlor durch die Chemotherapie ihr Haar und musste eine Perücke tragen. Zeit ihres Lebens war sie unzufrieden mit ihren dünnen Haaren gewesen und stets darauf bedacht, so gut wie möglich auszusehen. Dieser Verlust musste schmerzlich für sie als Frau sein. Und sie sah immer mehr wie eine alte Frau aus. Sie hatte Osteoporose und konnte kaum noch gehen. Ständig musste sie stehenbleiben, weil sie Schmerzen hatte. Das machte mich zornig, das konnte doch nicht sein, dass es ihr wirklich so schlecht ging? Sie musste doch wieder gesund werden.

Eines Tages saßen wir gemeinsam in der Küche und auf einmal konnte sie ihre Hand nicht mehr heben. Das besserte sich aber wieder nach ein paar Minuten und wir dachten uns nichts weiter dabei. Vermutlich war das eine Nebenwirkung der Chemotherapie.

Dann fielen ihre Pupillen zur Seite wie bei einer Puppe und sie konnte sie einige Zeit lang nicht mehr bewegen. Das sah beängstigend aus. Ich bat sie, bei ihrer nächsten Chemotherapie-Sitzung im Krankenhaus die Ärzte darauf aufmerksam zu machen. Sie wollte, dass ich mitgehe und den

Ärzten davon erzählte, sie würde es wohl vergessen, meinte sie. Da fiel mir zum ersten Mal auf, wie leid mir meine Mama tat. Sie wirkte schwach und hilflos. Ich merkte, dass sie nun sehr krank war.

Bald darauf hatten wir dann auch die Gewissheit. Nachdem ich den Ärzten von den motorischen Ausfällen erzählt hatte, wurde umgehend eine Computertomographie veranlasst. Im Gehirn meiner Mutter hatten sich drei Tumore gebildet. Meine Mutter und ich saßen gerade im Aufenthaltsraum, als uns der Arzt dies mitteilte. Wir sahen uns beide schweigend an und wussten, dass er soeben ihr Todesurteil verkündet hatte.

Zu Hause änderte sich damit alles. Es war nicht mehr wichtig, ob die Wohnung geputzt war oder nicht. Der Alltag war zur Nebensächlichkeit geworden. Ich bat meine Mutter, mir noch alles beizubringen, was ich wissen wollte, wie man kocht und Hemden bügelt, Dinge eben, die ich sie nachher nicht mehr fragen konnte. Und sie lehrte es mich. Es war so schön! Irgendwie stimmte nun zwischen uns alles, sie war meine Mutter und ich ihre erwachsene Tochter. Und so lösten wir uns voneinander.

Ich las ihr auch vor, wenn sie müde war und auf der Couch lag. Ich kämpfte beim Lesen mit den Tränen. Meine Mutter wirkte so zerbrechlich auf mich. Und es erinnerte mich an die Tage, an denen meine Mutter an meinem Bett gesessen hatte, um mir Gute-Nacht-Geschichten vorzulesen, und wie glücklich ich damals doch gewesen war. Es tat mir gut, in dieser Zeit weiterhin nach Wien zu fahren. Das verschaffte mir die Ablenkung, die ich brauchte, um mit der Situation zu Hause fertig werden zu können. Da saß meine Mutter nun in unserer

Küche, bereits kahlköpfig von der Chemotherapie, rauchte eine Zigarette und schachtelte ihre verdammten Medikamente ein. Ich war so wütend, als ich sie so sah, als ich abgehetzt von der Uni heimkam. Ich war so enttäuscht von ihr. Sie schmiss ihre Lebenszeit einfach weg. Die Medikamente waren ihr wichtiger als so viel Zeit wie nur möglich mit ihrer Familie zu verbringen. So wie sie aussah, würde sie nicht mehr lange durchhalten.

Ich vernachlässigte nun auch mein Studium immer mehr. Zwar fuhr ich nach wie vor zu den Vorlesungen, da es mir guttat, ein bisschen von zu Hause rauszukommen, aber ich schlief oft im Hörsaal ein. Es war mir egal. Ich war müde. Wenn ich von der Uni heimkam, setzten sich mein Vater und ich ins Auto und fuhren ins Krankenhaus zu meiner Mama. Sie wurde jetzt in Wiener Neustadt behandelt und erhielt Bestrahlungen. Sie sah wieder so dünn und zerbrechlich aus wie damals, als sie in meiner Volksschulzeit die schwere Lungenentzündung hatte und im AKH gewesen war. Es klingt absurd, aber sie sah wieder aus wie meine liebe Mama. Da sie nun schon einige Zeit ihre übliche „Giftmischung" nicht mehr zu sich nahm, erholte sich ihr Körper zusehends. Ihre Haut war nicht mehr so fettig und glänzend. Sie sah nicht mehr so aufgedunsen aus. Das Monster, das Tablettensucht hieß, hatte endlich von ihr abgelassen. Sie war wieder meine liebe Mama. Ich hatte sie so vermisst, ich hatte sie schon so lange nicht mehr gesehen.

Die Krankheit hatte meine Mutter ausgespuckt, denn sie hatte ihr Ziel erreicht. Sie hatte sie zerstört.

Zuletzt verlor sie als Nebenwirkung der Strahlentherapie ihre Fähigkeit zu sprechen. Mein Vater und ich saßen an ihrem

Krankenbett und erzählten ihr, was wir so machten. Mein damaliger Freund, die erste längere Beziehung meines Lebens, eine Fernbeziehung mit einem Iren, war damals im Begriff, mit mir Schluss zu machen. Ich machte gerade den Führerschein und nebenbei wollte ich auch weiter studieren, das alles erzählte ich meiner Mutter. Aber sie konnte mir nicht mehr antworten.

Irgendwann sagten uns die Ärzte, dass sie nun nichts mehr für sie tun könnten. Sie wurde zurück ins Eisenstädter Spital gebracht und wir sollten einen Pflegeplatz für sie suchen. Einen Pflegeplatz? Meine Mutter war gerade einmal 57 Jahre alt!

Am frühen Abend des 1. Novembers 2008 kam ein Anruf aus dem Krankenhaus. Ich hatte mich gerade ein wenig hingelegt. Am Vormittag waren wir bei meiner Mutter im Spital gewesen und dann bei Verwandten meines Vaters im mittleren Burgenland. Es war Allerheiligen, wir besuchten einige Gräber und aßen Allerheiligenstriezel bei der Verwandtschaft. Ich schreckte aus dem Bett hoch und hatte Herzrasen. Mein Vater ging ans Telefon und sagte: *„In Ordnung. Wir kommen gleich!"* Mit meiner Mutter würde es zu Ende gehen, hatten sie gesagt.

Als wir im Spital ankamen, war es bereits zu spät. Die Krankenschwester sah mich an und schüttelte den Kopf. Es war wie im Film. Ich hatte das Gefühl, ich müsste irgendwie angemessen reagieren, da meine Mutter gerade gestorben war, also stammelte ich: *„Nein, nein!"*, aber das tat ich nur der Krankenschwester zuliebe. Ich glaube, ich fühlte gar nichts in diesem Moment.

Ich betrat ihr Krankenzimmer. Es war rührend. Die Krankenschwestern hatten sie in ein weißes Leintuch eingewickelt und ihr eine Rose in die Hände gelegt. Meine Mama sah so friedlich aus. Sie hatte es geschafft, sie war erlöst. Sie hatte endlich Frieden gefunden. Das machte mich glücklich. Und ich sah mir meine Mama noch einmal ganz genau an, voller Liebe. Ihre schönen, feingliedrigen Hände, ich wollte einfach kein Detail von ihr jemals vergessen. Ich wollte mich immer daran erinnern können, was für eine schöne Frau meine Mutter doch gewesen war, nicht was ihre Krankheit aus ihr gemacht hat. Ich konnte damals keine einzige Träne weinen, denn ich hatte keinen Grund dazu. Meine Mutter war schon lange nicht mehr glücklich in ihrem Leben gewesen. Und jetzt war ihr Leiden endlich vorbei.

Also nahm ich den Plastikbeutel mit ihren Wertsachen entgegen und wir gingen heim.

Danke Mama, dass du immer versucht hast, für mich da zu sein, auch wenn du so schwer krank warst, dass es mich fast selber zerstört hat, mitansehen zu müssen, wie du dich selbst hinrichtest. Aber diese deine Krankheit hatte nichts mit mir zu tun. Sie entsprang deiner eigenen Lebensgeschichte. Ich war ja dein Kind, wie hätte ich dir denn auch helfen können. Es war nicht meine Aufgabe, aber ich wollte es so gern. Das weiß ich heute. Mama, ich habe dich sehr lieb.

Zu Hause wusste ich dann nicht recht, wie es nun eigentlich weitergehen sollte. Zunächst einmal funktionierten mein Vater und ich irgendwie. Wir organisierten das Begräbnis meiner Mutter und es ging vorbei. Zwei Dinge sind mir davon besonders in Erinnerung geblieben: Der Pfarrer sagte, sie wäre nun eine Fürsprecherin Gottes, das gefiel mir ausnehmend gut. Und als wir ihren Sarg zum Grab brachten, da schlug das Wetter mit einem Mal um. Der Himmel verfinsterte sich und ein Gewitter zog auf. Diese Stimmung in der Natur gab mir so viel Kraft. Ich hatte damals das Gefühl, dass Gott jetzt bei mir wäre und dass alles schon irgendwie gut werde.

Die ersten Tränen über den Tod meiner Mutter konnte ich erst am darauffolgenden Muttertag weinen. Ich war am Tag zuvor mit Freunden feiern gewesen und als alle darüber sprachen, was sie ihren Müttern morgen schenken wollten, da wurde ich traurig. Ein Mädchen in der Partie, welches ich nicht kannte, sagte: *„Du bringst deiner Mama morgen auch Blumen, oder?"* *„Ja"*, sagte ich. Ich brachte meiner Mutter Blumen ans Grab und weinte bitterlich. Da ich meine Mutter als die Mama aus meiner Kindheit im Gedächtnis behalten wollte, ergriff mich dieser Tag sehr, da er mich an eben diese Zeit erinnerte, eine Zeit, in der ich mich unbeschwert gefühlt und meiner Mama einfach ein Muttertagsgeschenk gemacht hatte.

So, nun war ich also wieder zu Hause. Ohne meine Mutter. Was sollte ich denn jetzt eigentlich machen? Ich setzte mich an ihren Platz in der Küche und dachte nach. Irgendwie musste ich jetzt die Erwachsenenrolle übernehmen, oder? Konnte ich das überhaupt? Meine Mutter hatte mich derartig überbehütet, dass ich vieles noch nie selber gemacht hatte.

Vergegenwärtigen wir uns kurz, dass ich damals Mitte zwanzig war. Ich ging zum ersten Mal in meinem Leben alleine mit dem Einkaufswagen durch den Supermarkt! Ich dachte mir, wenn die Leute jetzt wüssten, dass ich das noch nie alleine gemacht habe, sie würden es nicht glauben. Meine neugewonnene Freiheit fühlte sich fantastisch an. Ich musste nun nicht mehr auf meine Mutter aufpassen, sondern konnte endlich einmal ich selbst sein. Und das bereitete mir große Freude.

So hätte es nun ewig weitergehen können, sie lebte glücklich bis ans Ende ihrer Tage und meine Geschichte wäre hier zu Ende erzählt.

Aber haben wir nicht irgendetwas vergessen? Richtig! Mein Vater war ja auch noch da. Und wir beide hatten es noch nicht geschafft, unsere Rollen in der Familie richtig zu ordnen. Wir waren immer noch auf eine ungesunde Weise miteinander verwoben.

Knapp ein Jahr nach dem Tod meiner Mutter war der Tag meiner alles entscheidenden, kommissionellen Prüfung im AKH gekommen. Ich hatte im Rahmen des Studiums immer wieder die gleiche Prüfung vermasselt und nun sollte eine Kommission bestehend aus drei Prüfern entscheiden, ob ich weiter studieren durfte. In der Zeit während der Krebserkrankung meiner Mutter war ich oft vor Erschöpfung im Hörsaal eingeschlafen. Ich war zunächst morgens mit dem Bus oder Zug nach Wien gereist und als ich nach den Vorlesungen wieder zu Hause gewesen war, gemeinsam mit meinem Vater weiter zu meiner Mutter ins Krankenhaus gefahren. Parallel dazu hatte ich mich nun auch für einen Führerscheinkurs angemeldet. *„Irgendwie krieg ich das alles schon auf die Reihe"*, dachte ich mir.

Hier stehe ich nun vor Ihnen, werte Professoren, ich bin zu meiner letzten Prüfung angetreten, bitte fällen Sie Ihr Urteil. Und das taten sie dann auch. Ich war durchgefallen. Irgendwie hatte ich es schon befürchtet, aber ich hatte es nicht wahrhaben wollen. Teilweise hatte ich nicht einmal mitgekriegt, dass wir die gefragten Prüfungsgebiete bereits durchgenommen hatten. Das war mir sehr peinlich, aber ich versuchte, mich drüberzuretten, indem ich mich sehr bemühte, möglichst klingende Worte für meine Ausführungen zu benutzen; aber diese waren großteils nur heiße Luft. Und das merkten die Professoren natürlich.

Ich versuchte, mich Ihnen zu erklären. Ich sagte ihnen, dass meine Mutter vor einem Jahr gestorben wäre. *„Naja, das war ja schon vor einem Jahr"*, meinte eine der Prüferinnen daraufhin. *„Ja, aber sie haben ja keine Ahnung, was ich zuvor durchgemacht habe: Ich war magersüchtig, habe versucht, mir das Leben zu nehmen und bin vor Kurzem in die Pubertät gekommen! Sie blöde Kuh!"*, wollte ich sie anschreien. Aber ich tat nichts dergleichen. Ich nahm mein Urteil hin.

Währenddessen blickte ich aus dem Fenster und draußen herrschte eine eigentümliche Stimmung. Gerade braute sich ein heftiges Gewitter zusammen, ebenso wie an jenem Tag, an dem ich meine Mutter zu Grabe getragen hatte. Das gefiel mir, die Natur spiegelte meinen Gemütszustand auf eine so großartige Weise wider, dass ich den Prüfern bei ihrer „Urteilsverkündung" gar nicht mehr richtig zuhörte. Es war mir egal! Ich war es leid, ich hatte diese ganze menschenverachtende Maschinerie der Uni satt, die einzelne Schicksale nicht gelten lässt und Menschen zu Nummern macht. Ich war fertig mit ihr! Aus, vorbei, exmatrikuliert, was sollte es?

117

Und dennoch weinte ich bittere Tränen. Ich fragte mich, was ich denn nun machen sollte und das sprach ich auch aus. Einer der Prüfer, ein Neurologe, dem ich zuvor von meiner Diplomarbeit erzählt hatte, auf welche ich so stolz war, war derart von meinen Tränen ergriffen, dass er meinte, er wolle mich in diesem Zustand nicht alleine hinausgehen lassen. Mein Zustand? Ich weinte doch nur! Wenn er gewusst hätte, in welchen Zuständen ich mich bereits befunden hatte.

Er meinte, dass er sich in der kurzen Zeit, in der wir uns kennengelernt hatten, wie ein Vater für seine Tochter für mich verantwortlich fühlte. Er wollte die Worte der anderen Prüfer auch nicht so stehen lassen. Bei ihm hätte ich sehr wohl bestanden, aber er wäre überstimmt worden.

Die ganze Szene erinnerte mich an das Märchen von Dornröschen. Dieser Neurologe war die zwölfte der Feen, die das Urteil der dreizehnten über das arme Dornröschen abschwächte, sie sollte nicht sterben, sondern nur hundert Jahre schlafen. Und nachdem ich ihm glaubhaft versicherte, dass ich mir ganz bestimmt nichts antun würde und mein Vater ohnehin draußen auf mich wartete, ließ er mich gehen.

Ich nahm meinen Vater an der Hand und gemeinsam verließen wir das AKH. Und ich kam nie mehr zurück.

Bis dato hatte ich es immer noch nicht geschafft, mein Leben selbst in die Hand zu nehmen. Ich ließ mich einfach vom Studium treiben, obwohl ich schon längst spürte, dass es nicht das Richtige für mich war. Aber ich sah einfach weit und breit keine Lösung ...

Die Uni hatte ich erst einmal gehörig satt. Aber was sollte ich jetzt machen? Zunächst einmal interessierte ich mich für die Ausbildung zur Psychotherapeutin. Im Laufe der Zeit war ich draufgekommen, dass eigentlich die Psychotherapeuten die Arbeit machen, die ich machen wollte, sie redeten mit den Menschen und halfen ihnen so. Aber wie man Psychotherapeut wird, das wusste ich zu Studienbeginn noch nicht. Immerhin hatte doch Frau Dr. B. die großartigen Gespräche mit mir geführt und sie war Ärztin gewesen. Also war es für mich damals nur logisch gewesen, Medizin zu studieren. Schließlich bewunderte ich sie sehr und wollte auch einmal so werden.

Ich hörte mir dann die Infoveranstaltung für die Psychotherapieausbildung an. Es hieß, man müsse einen „Kernberuf" ausüben, also Arzt oder Psychologe oder etwas Vergleichbares sein und bereits mit kranken Menschen arbeiten. Man konnte die Ausbildung zwar auch ohne diesen Kernberuf machen, aber dann müsste ein bereits anerkannter Psychotherapeut den zweiten, fachlichen Teil dieser Ausbildung genehmigen. Und da der erste Teil dieser Ausbildung bereits einiges kostete, traute ich mich dann doch nicht. Ich überlegte, ob ich mir parallel einen Kernberuf aneignen konnte und ich wollte eine Ausbildung zur Krankenschwester machen, aber das erschien mir damals einfach zu zeitaufwändig. Ich war den Tagesablauf zu Hause so sehr gewöhnt, als dass ich ihn hätte aufgeben wollen. Ich hatte nun einmal das Studium verhaut, es gab keine zweite Chance für mich, dafür war ich schon zu alt, dachte ich mir, und daher wollte ich so schnell wie möglich arbeiten gehen.

Ich versuchte, einen Beruf zu finden, in welchem mir das Wissen, welches ich im Studium erworben hatte, möglicherweise von Nutzen sein konnte und entschied mich dann für die Prüfung zur Pharmareferentin zu lernen. Ich kaufte mir die dafür nötigen Skripten und begann, zu Hause zu büffeln.

Und noch etwas geschah: Ich lernte meinen jetzigen Mann kennen. Nun, eigentlich kannten wir uns bereits von früher. Wir waren sogar ein paar Mal zusammen ausgegangen, als ich sechzehn Jahre alt gewesen war. Damals war ich gerade mittendrin in der Bulimie. Eigenartigerweise erzählte ich ihm auch davon. Ich weiß nicht genau, wieso ich das tat, aber das hatte ich mich bis dahin noch nie bei einem Burschen getraut. Und er ging trotzdem mit mir aus. Aber alsbald wurde mir das alles wieder zu viel. Irgendwann hätte ich ihm dann wohl auch von der Krankheit meiner Mutter erzählen müssen und dann hätte er mich ganz bestimmt stehen lassen, dachte ich damals. Bei so einer Familie!

Erneut lief ich davon und wollte mich nicht mehr mit ihm treffen. Aber ich konnte ihn einfach all die Jahre nicht vergessen. Das war so schade. Er hatte so nett gewirkt …

Beinahe zehn Jahre nach unseren Dates nahm ich meinen ganzen Mut zusammen und kontaktierte ihn über Facebook. Dort stand nämlich auf seiner Seite, dass er Single sei. Ich hatte nichts zu verlieren. Und er war tatsächlich bereit, sich mit mir zu treffen. Es war, als wäre mit einem Mal die Zeit stehen geblieben. Ich hatte eine zweite Chance bekommen. Wir gingen einen Kaffee trinken und unterhielten uns sehr gut. Und wir vereinbarten auch, dass wir uns schon bald wiedersehen wollten. Dann gingen wir wieder zusammen aus, ins Kino, ins Kaffeehaus und so weiter. Nur diesmal lief ich nicht davon. Und so wurden wir ein Paar.

Schließlich kam der Tag der Pharmareferentenprüfung und ich fiel durch. Zwar nur knapp, aber mein Bedarf an Prüfungen war nun fürs Erste gedeckt. Also beschloss ich, mir einen Job zu suchen. Ich hatte Glück und fand auch bald eine Stelle als Ordinationsassistentin in meinem Wohnort. So konnte ich jeden Morgen sogar zu Fuß in die Arbeit gehen und musste nicht wieder nach Wien pendeln.

Meine Arbeit machte mir große Freude, endlich hatte ich das Gefühl, etwas Sinnvolles zu tun. Da mein Freund und ich damals auch gerade mit dem Hausbau begannen, beschloss ich, die Pharmareferentenprüfung auch kein zweites Mal zu versuchen. Ich war zufrieden und glücklich mit meinem Leben.

PAPA WIRD KRANK

Die letzten Worte meiner Mutter zu mir waren: *„Aber bitte, pfleg ihn nicht!"* Hä? Ich verstand kein Wort. Sie meinte damit meinen Vater, aber ich wusste nicht genau, was sie mir damit sagen wollte. Ich begriff es jedoch recht schnell: Der ungesunden Symbiose, in der sich meine Eltern und ich befunden hatten, war nämlich eine Ehe vorausgegangen, die ebenfalls auf einer gegenseitigen Abhängigkeit voneinander beruht hatte. Sie sehen also, das Karussell drehte sich noch ein bisschen weiter. Mein Vater und ich fuhren noch mit.

Und dann wurde Papa krank. Zunächst konnte ich ihn noch in Balance halten. Nach dem Tod meiner Mutter meinte auch er, dass er nun gar nicht wisse, wie es weitergehen sollte. Und da trat ich auf den Plan. Wir würden das schon schaffen, beschwichtigte ich ihn. Ich begann, ihm den Alltag zumindest einigermaßen so zu gestalten, wie er es gewohnt gewesen war. So führte ich den Haushalt, bügelte und kochte. Ich wusste damals noch nicht genau warum, aber es fiel meinem Vater schwer, sich auf neue Situationen einzustellen. Also nur nicht zu viel Staub aufwirbeln, er hatte doch alles gern sauber und ordentlich.

Schon früher hatte mein Vater immer wieder eine leichte Winterdepression gehabt, er lag dann für ein paar Tage im Spital. Meine Mutter war ihm beim Rasieren behilflich.

Mein Vater war schon lange in der gleichen Firma beschäftigt und es fiel ihm schwer, mit gewissen Neuerungen am Computer umzugehen. In seiner Generation ist das auch absolut verständlich und nicht weiter ungewöhnlich. Es schien mir plausibel, dass ihn das stresste und nervös machte.

Nun, als ich aber nach dem Tod meiner Mutter immer selbstständiger wurde, zu arbeiten begann und eine Beziehung mit meinem jetzigen Ehemann aufbaute, wurde unsere Symbiose brüchig und drohte gänzlich zu zerfallen.

Und so setzte mein Vater einen Kontrapunkt und wurde krank.

Aus heutiger Sicht kann ich sagen, dass das auch gar nicht anders möglich gewesen wäre. Es war zu viel passiert. Seine Frau war krank gewesen und gestorben, seine Tochter war ebenfalls krank gewesen, er konnte nicht mehr.

Er war nicht bereit, unsere Symbiose zu beenden und tat etwas Bemerkenswertes: Er spielte mir meine Magersucht nach. Unglaublich!

Zunächst begann er, depressiv zu werden. Es war schon eine Katastrophe, wenn ich nach Dienstschluss nicht gleich zu Hause war, um ihm sein Mittagessen zu kochen. Er sagte mir, dass er ohnehin schon einen Kreislaufkollaps hätte und jetzt auch kein Essen mehr brauchte. Ich dachte, ich spinne. Waren denn jetzt alle verrückt geworden? Zunächst beeilte ich mich noch, nach der Arbeit rechtzeitig nach Hause zu kommen, aber bald schon war mir das zu dumm. Ich hatte nun bereits von der Selbstständigkeit eines eigenen Lebens gekostet und war nicht bereit, diese aufzugeben. Ich wollte nicht mehr mitspielen. Da hielt ich das Karussell an und stieg ab. Und mein Vater schlitterte immer tiefer in seine eigene Krankheit hinein.

Er, als Nesthäkchen aufgewachsen, war es gewohnt, dass meine Mutter sich um ihn kümmerte. Sie kochte für ihn, führte den Haushalt und legte sein Gewand für die Arbeit bereit. Sie föhnte ihm die Haare und schnitt ihm die Fußnägel, weil er das alles allein nicht konnte, wie er sagte. Gut, bis zu einem gewissen Grad sind Männer seiner Generation nun einmal so. Aber er wollte sich nicht damit abfinden, dass dies zu Ende sein sollte. Da er Alleinverdiener war, war meine Mutter finanziell von ihm abhängig gewesen und das war sein Druckmittel ihr gegenüber. Sie konnte ihn einfach nicht verlassen. Sie war auch zu träge dazu. Vielleicht wollte sie das auch einfach gar nicht. Es war immerhin die Ehe meiner Eltern und ist somit auch ihre Geschichte.

Als ich mich zu Hause immer unwohler fühlte und öfters mal bei meinem Freund übernachtete, begann mich mein Vater zu erpressen, indem er aufhörte zu essen, sich zu waschen, sich zu rasieren und so weiter. Er tat einfach gar nichts mehr. Er versuchte so krank zu werden, dass ich wieder zu ihm zurückkommen musste. Damit machte er also genau das Gleiche wie ich in meiner Magersucht: Er setzte die Krankheit als Druckmittel gegen mich ein.

Aber ich kam nicht, ich ging. Ich hatte meine Lektion durch meine Krankheitsgeschichte schon gelernt und wusste, dass ich sein Verhalten nicht auch noch fördern durfte. Also zog ich in einer Nacht- und Nebelaktion aus. Mein Vater war bereits in stationärer Behandlung in Eisenstadt, als ich in Windeseile alle meine Habseligkeiten zusammenraffte und zu den Eltern meines Freundes floh. Ich hatte Herzklopfen und Riesenangst, dass mein Vater plötzlich nach Hause kommen könnte und warf meine Kleidungsstücke mitsamt den Kleiderbügeln in sämtliche Taschen und Koffer, die ich finden konnte.

Mein Freund und ich waren ohnehin dabei, uns ein eigenes Haus zu bauen und somit wohnten wir eine Zeitlang bei seinen Eltern, die mir angeboten hatten, dass ich jederzeit zu ihnen kommen könnte, wenn ich es zu Hause nicht mehr aushielte. Ich hatte bereits zuvor die meiste Zeit im Haus meines Freundes verbracht, welches aber nun wegen der Bauarbeiten gerade nicht bewohnbar war.

Nach einiger Zeit wurde mein Vater wieder nach Hause entlassen. Er bettelte uns an, ihm doch Essen zu bringen. Also entschieden sich mein Freund und ich, ihm diesen Gefallen zu tun und brachten ihm einen Karton mit den gewünschten Lebensmitteln.

Als ich damit die Wohnung meines Vaters betrat, traf mich fast der Schlag. Auf den Möbeln lag eine zentimeterdicke Staubschicht, der Fußboden war klebrig und auf der Toilette lagen Haarbüschel. Mein Vater war tagelang nur im Bett gelegen und an der Stelle, an der sein Hinterkopf auf dem Polster aufgelegen war, waren ihm nun die Haare ausgefallen. Seine Mangelernährung begünstigte das vermutlich ebenfalls. Er nahm das zu sich, was wir zu Hause hatten. In der Küche standen neben leeren Milchkartons auch leere Verpackungen von Mehl und Zucker, er hatte einfach alles aufgegessen und weigerte sich vehement, die Wohnung zu verlassen, um beispielsweise einkaufen zu gehen.

Ich konnte es nicht fassen. Was um Himmels willen veranstaltete er denn hier nur bloß? Er sah zum Fürchten aus. Abgesehen davon, dass er bis auf die Knochen abgemagert war – seine Haut war dünn wie Papier, hatte er auch seine Körperhygiene, auf die er immer so viel Wert gelegt hatte, mittlerweile völlig eingestellt. Früher war er beinahe zwanghaft im Bad gestanden und hatte sich ausgiebig geduscht und rasiert, jetzt tat er nichts dergleichen mehr. Er hatte sich weder die Finger- noch die Fußnägel geschnitten und sein Bart war lang und struppig geworden.

Demonstrativ hob er dann auch noch sein Pyjamaoberteil in die Höhe, zeigte mir seine Rippen, die deutlich hervortraten und sagte zu mir: *„Schau mich an!"*

Es war entsetzlich. Aber ich wusste sehr gut, was er da tat und beugte mich seinem Willen nicht. Genauso, wie sich meine Mutter damals ein wenig aus unserer Abhängigkeit löste, als sich mich gerichtlich anhalten ließ, stemmte ich mich nun mit aller Kraft gegen die Krankheit meines Vaters.

Ich drohte ihm mit Besachwaltung und ließ ihn sogar einmal vorübergehend in eine Einrichtung für betreutes Wohnen bringen. Oh, er war so stur. Er beschimpfte meinen Freund und mich, als wir dort hinkamen, um ihm ein paar Kleidungsstücke zu bringen. *„Den Koffer könnt ihr gleich wieder mitnehmen, ich bleibe sicher nicht hier"*, wetterte er. *„Gut"*, sagte ich, *„dann sieh zu, wie du aus eigener Kraft wieder hier wegkommst."*

Meine Verwandten, die ihn dort besuchen kamen, erkannten ihn anfangs gar nicht. Er, der immer so auf sein Aussehen bedacht gewesen war, war auf einmal abgemagert und sah aus wie der Struwwelpeter. Sie verstanden die Welt nicht mehr, was war nur geschehen? Wie gesagt, wir waren ganz gut darin, Dinge unter den Teppich zu kehren und heile Welt zu spielen.

Seine Arbeitskollegen und Freunde aber sagten mir, sie hätten nach dem Tod meiner Mutter nur auf so eine Reaktion meines Vaters gewartet. Sie kannten ihn und wussten, wie schwer ihm ihr Verlust zusetzte. Als ich nun auch damit drohte, ihn tatsächlich zu verlassen, musste er sich mit ihrem Tod auseinandersetzen.

Da realisierte er, dass sie weg war.

Bei meinem Vater wurde eine Soziopathie diagnostiziert. Auf diese Diagnose hatte ich mein ganzes Leben lang gewartet. Wenn ich das nur früher gewusst hätte! Es bedeutete, dass Menschen mit dieser Persönlichkeitsstruktur Schwierigkeiten damit haben, auf die Emotionen anderer Menschen angemessen zu reagieren.

Es fiel mir wie Schuppen von den Augen, darum hatte mir mein Vater nie gesagt, dass er mich liebhat. Wie sehr hatte ich als Kind darauf gehofft und gewartet. Aber jedes Mal wenn ich sagte: *„Papa, ich hab' dich lieb"*, hatte er mich nur an der Schulter getätschelt und gemeint: *„Ja, ja, ist schon gut."* Wieso sagte er denn nicht, dass er mich auch lieb hatte?

Mein Vater mochte es auch nicht, wenn ich weinte. Aber es war nicht so, dass ich ihm leidtat, sondern ich hatte das Gefühl, mein Weinen bereitete ihm fast ein körperliches Unbehagen. Er fand einfach keinen Zugang zu meiner Gefühlswelt.

Mein Vater, der stets kontrolliert gelebt hatte, ich denke aus Angst vor dem Jähzorn seines eigenen Vaters, hatte die Kontrolle über sein Leben verloren. Nun brach alles auch aus ihm heraus, die nicht aufgearbeitete Krankheit und der Tod meiner Mutter, meine Krankheit, jetzt konnte auch er nicht mehr. Damals war mein Vater zur schlimmsten Version seiner selbst geworden.

So zog ich nun also wie gesagt zu den Eltern meines Freundes. Ich überließ meinen Vater sich selbst. Zunächst hatten wir ihm noch die gewünschten Nahrungsvorräte nach Hause gebracht, aber dann stellten wir auch das ein. Er musste es da selbst rausschaffen.

Und dann geschah etwas ganz Großartiges: Mein Freund und ich heirateten.

Aber als ob das allein nicht schon wunderbar genug gewesen wäre, merkte nun auch mein Vater, wie ernst es mir wirklich mit dem eigenen Leben war. Ich hatte ihn gebeten, nicht zu meiner Hochzeit zu kommen, er sah wirklich furchtbar aus und alle Gespräche an diesem schönen Tag hätten sich vermutlich nur um ihn gedreht. Nein, ich würde nicht mehr nach Hause zurückkommen. Jetzt war es amtlich.

Nun hatte auch ich eine Grenze gezogen. Mein Vater akzeptierte diese und wurde wieder gesund. Es hatte ihn geschmerzt, dass er nicht an unserer Hochzeit teilnehmen konnte, ich war endlich zu ihm durchgedrungen. Er entschloss sich, sein eigenes Leben wieder selbst in die Hand zu nehmen und kämpfte sich aus der Depression zurück.

Zunächst erkannte ich meinen eigenen Vater gar nicht wieder. Er ging selbstständig einkaufen und organisierte sich seinen Haushalt. Nun war auch er aus der Abhängigkeit von meiner Mutter gelöst und fand allmählich wieder zu sich selbst zurück.

Ich muss sagen, so gut hat mir mein Papa noch nie gefallen. Die merkwürdige Symbiose, in welche er in der Ehe mit meiner Mutter gerutscht war, war nun aufgehoben. Meine Mutter hatte meinen Vater eigentlich immer wie ein kleines Kind betreut. Das ging gerade so lange gut, bis ich auf die Welt kam. Ab diesem Zeitpunkt war ich ihr Kind und er aus dieser Beziehung ausgestoßen. Dadurch, dass sich meine Mutter so sehr an mich klammerte, schafften es meine Eltern nicht mehr, in einer gesunden Paarbeziehung zu leben. Alles war durcheinandergeraten.

Nun aber war ein Neustart erfolgt. Wir hatten neue Wege beschritten, und zwar jeder seinen eigenen. Und dieser Weg führte mich endlich dorthin, wo ich schon so lange hinwollte – NACH HAUSE.

EPILOG

Endlich zu Hause

Bitte treten Sie ein. Herzlich willkommen. Ist das nicht ein reizendes Häuschen? Wir haben es nach unseren Vorstellungen gebaut und eingerichtet. Wollen Sie vielleicht einen Kaffee mit mir trinken? Setzen wir uns am besten an den einladenden, großen Esstisch in unserer offenen Wohnküche. Hier ist Platz für die ganze Familie.

Hören Sie das Getrappel der kleinen Füßchen? Das sind meine zwei Töchter, sie sind die Meisterstücke meines Lebens. Ich liebe sie sehr.

Ich muss nicht mehr davonlaufen, vor mir oder meinem eigenen Leben. Ich möchte daran teilnehmen und es ganz bewusst mitgestalten. Hier haben wir uns einen Ort erschaffen, an dem wir gemeinsam lieben, lachen und auch weinen können: Es ist unser Zuhause – mein Zuhause! Und ich fühle mich sehr wohl hier.

Nun muss ich Sie aber bitten zu gehen. Ich habe noch viel Arbeit heute. Die ganze Familie kommt zum Essen. Ich liebe es, für uns alle zu kochen. Ich bin eine hervorragende Köchin, ebenso wie es meine Mutter und meine Urgroßmutter waren.

Mein Name ist Alexandra Schleischitz, ich hatte einmal Magersucht und Bulimie. Aber dann entschied ich mich dazu, gesund zu werden. Einfach so.

DANKSAGUNG

Ich möchte mich bei Ihnen bedanken, werte Leser. Dafür, dass sie mich auf der Reise in meine Vergangenheit begleitet haben.

Dieses Buch zu schreiben war mir ein tiefes, inneres Bedürfnis. Heute, 20 Jahre nach Ausbruch meiner Krankheit, blicke ich noch einmal zurück und habe damit meinen Frieden gemacht. Ich habe die Essstörungen überwunden. Es ist mir gelungen, zu verstehen, wie es zu dieser Erkrankung gekommen ist. Das war mir sehr wichtig. Und das möchte ich Ihnen mitgeben auf den Weg. Niemand wacht auf einmal auf und ist über Nacht psychisch krank geworden. Dies ist ein schleichender Prozess und wird anfänglich weder von den Betroffenen selbst noch von ihrem Umfeld bemerkt. So ist das nun einmal. Die Schuldfrage stellt sich nicht, denn es gibt keine. Viele unterschiedliche ungünstige Faktoren müssen aufeinandertreffen, um eine derartige Krankheit entstehen zu lassen. Urteilen Sie selbst, aber verurteilen Sie nicht.

Weiters bedanke ich mich bei all denjenigen Menschen, die Teil meines Lebensweges sind und waren. Ich hatte ein großartiges Team von Ärzten, Therapeuten, Sozialpädagogen, Krankenschwestern und vielen mehr um mich. Und ich habe heute eine wunderbare Familie und großartige Freunde, die mich annehmen und schätzen, so wie ich bin.